CHRISTIAN HENZE
A TAVOLA

CHRISTIAN HENZE

A TAVOLA!

DIE ECHTE CUCINA ITALIANA FÜR ZU HAUSE

südwest

//Inhalt//

// Meine *cucina italiana* – mediterran und modern //

Für viele von uns – und ich bin da keine Ausnahme – ist Italien ein echter Sehnsuchtsort. Wir denken an Zitronenbäume und Zypressen, Olivenhaine und urige Osterien, *dolce vita* und süße Desserts, natürlich Sommer, Sonne und Strand. Wenn wir in unseren Erinnerungen oder auch in alten Familienalben stöbern, dann spielt Italien bei vielen von uns eine Hauptrolle. Die Hochzeitsreise nach Venedig, der Familienurlaub an der Adria, die Bildungsreise nach Rom oder Pompeji – das ist für viele von uns Teil der Familiengeschichte.

Ein Hauptgrund, warum wir Italien so lieben, ist seine Küche ... Wenn wir nur an Pasta, Pizza, Polenta und Panna cotta, an Sugo, Saltimbocca und Salsiccia denken, dann zaubert uns das doch automatisch ein Lächeln ins Gesicht. Diese sonnigen, reifen Aromen, die Liebe zum guten Produkt, die fröhliche Stimmung, wenn man mit der Familie oder Freunden am Tisch sitzt und das Essen teilt.

Und genau darum ist die *cucina italiana* eine meiner Lieblingsküchen. Ganz zu schweigen von der Tatsache, dass ihre »Grundprinzipien« auch meinen entsprechen: Sie ist schnell, sie ist einfach, sie ist ehrlich. Darauf kommt es mir an, wer meine bisher erschienenen Kochbücher kennt, weiß das. Ich selbst habe wahnsinnig viel zu tun, bin immer auf dem Sprung, reise kreuz und quer durch die Lande. Ich weiß, dass es ganz vielen Menschen ebenso geht.
Wir leben in einer unglaublich stressigen Zeit, wir müssen dank Smartphone, Laptop und Internet ständig erreichbar sein, wir müssen im Job hundertprozentigen Einsatz bringen

und nebenbei natürlich für unsere Partner und Kinder da sein.

Wenn wir kochen, wollen wir – auch wenn einem wie mir das gute Essen und Genießen wichtig ist – nicht ewig in der Küche stehen. Ich gehöre nicht zu denen, die Saucen mit der Pipette auf den Teller träufeln, ein Schäumchen mit der Sodaflasche dazuspritzen und einige Kräuter mit der Pinzette oben aufsetzen. Dafür fehlt mir die Zeit und dafür fehlen mir die Nerven. Was ich weiß und was ich zeigen will: Gutes Essen muss nicht aufwendig sein. Auch das macht die italienische Küche aus: Sie ist unkompliziert, ehrlich und hat viel Substanz. Ich liebe kräftige Aromen, knackfrische Zutaten und Rezepte, die mir auch nach langen Arbeitstagen ruckzuck von der Hand gehen.

Natürlich bin ich nicht der erste Koch oder Kochbuchautor, der die italienische Küche für sich entdeckt. Aber ich will hier viel mehr, als nur ein weiteres italienisches Kochbuch zu schreiben. Zum einen stammen meine Rezepte zwar aus der *cucina italiana*, aber ich habe jedes einzelne modern und ganz persönlich interpretiert. Es ist meine mediterrane Küche, die ich Euch im vorliegenden Buch präsentiere.

Da ist zum Beispiel meine »Gourmetpizza hoch zwei« (siehe Seite 69). Die Idee zu dieser Pizza ist mir gekommen, weil ich immer wieder – in meinen Kochkursen, im Freundeskreis, in der Pizzeria oder beim Lieblingsitaliener – das Gleiche erlebt habe: Es gibt Leute (und zwar nicht wenige, vor allem Frauen), die essen den Rand der Pizza nicht mit. Nein, ihren Pizzarand

essen sie nicht. Was machen sie stattdessen? Sie schneiden den Rand ab und lassen ihn zurückgehen. Warum? Wenn ich diese Frage stelle, dann lauten die Antworten: »Der Rand ist mir zu dick und teigig!« – »Der Rand macht nur satt, ohne nach etwas zu schmecken!« – »Ich esse lieber nur das Innere, der Rand ist langweilig!«. Das hat mich zum Nachdenken gebracht. Nicht nur, dass es für den, der gekocht hat, schade und irgendwie unbefriedigend ist, wenn nicht alles aufgegessen wird. Ich mag es ganz generell nicht, wenn Essen weggeschmissen wird. Ihr werdet es kaum glauben, wie ich das Problem des Pizzarands gelöst habe: Ich backe die Pizza im viereckigen Blech, wie man das eben so macht, wenn man keine runde Pizza backt. Während die Pizza im Ofen ist, bereite ich eine Trüffelaioli zu, als Dip. Von der fertigen Pizza schneide ich die Ränder ab, richte sie in einem Glas an und serviere sie wie Grissini mit der Trüffelaioli. *Sensazione*! Ganz ehrlich! Soll ich Euch sagen, dass noch nie jemand diesen Pizzarand stehen lassen hat? Im Gegenteil jetzt besteht eher die Gefahr, dass die Leute den Rand essen und die Pizza übrig lassen ... Probiert es aus, Ihr werdet sehen!

Überhaupt macht es mir unheimlich viel Spaß, italienische Gerichte zu interpretieren und den Bedürfnissen, die wir hier und heute beim Kochen so haben, anzupassen. Grillen zum Beispiel. Es heißt ja immer, wir Deutschen sind die Weltmeister im Grillen. Warum also nicht ein paar Fisch- und Fleischrezepte *alla italiana* grillen? Dann macht das Zubereiten Spaß und das Essen umso mehr. Weil es mal wieder was Neues ist.

// Ein kulinarischer Kurzurlaub //

Als wir angefangen haben, dieses Buch zu planen, war uns neben dem Ansatz, dass ich meine persönliche *cucina italiana* präsentiere, noch etwas wirklich wichtig: Wir wollten zeigen, dass man nicht nach Italien fahren muss, um sich *la dolce vita* und die Sonne Italiens nach Hause zu holen.

Ich gebe es zu, unser erster Impuls war es schon, dass wir mit der kompletten Mannschaft, die man eben so braucht, um ein Buch zu fotografieren, an den Gardasee oder in die Toskana fahren und dort das Fotoshooting machen. Aber dann bin ich ins Grübeln gekommen. Irgendwie kennen wir diese Szenen doch schon aus so vielen italienischen Kochbüchern: Der Autor fährt im Cinquecento durch die toskanischen Hügel. Der Autor kurvt auf der pastellfarbenen Vespa durch enge italienische Gassen. Der Autor trifft einen Olivenölproduzenten in der Ölmühle. Der Autor trifft einen Winzer im Weinberg. Der Autor trifft eine italienische *mamma* und lässt sich ihr Lieblingsrezept für *pasta al pomodoro* verraten …

Ich musste nicht wirklich lang überlegen, ob ich mein neues Kochbuch auch so konzipieren will. Die Antwort stand fast schon fest, bevor wir die Frage ernsthaft diskutiert haben: Nein, das wollte ich nicht! Stattdessen will ich zeigen, wie einfach es eigentlich ist, sich italienisches Flair nach Hause zu holen und einen kulinarischen Kurzurlaub zu machen. »Sich schnell mal nach Italien kochen«, das war der Gedanke. Und mit ein paar einfachen Accessoires wie mediterranem Geschirr und Deko, schlichten Weingläsern, Blumen und natürlich dem richtigen Kochrezept ist das schon geschafft.

So haben wir uns also im Frühsommer auf den Weg gemacht, um die Fotos für dieses Buch zu machen. Ob Ihr es glaubt oder nicht, wir sind nicht nach Italien gefahren. Kein Foto, das Ihr auf den folgenden Seiten seht, ist in Italien entstanden. Alle sind hier bei uns gemacht worden. Auf dem Holunderhof, einem historisch restaurierten Hof im mittelfränkischen Rittern. Der verwilderte Blumengarten, die erdig getönten Fassaden, die alten Holzbalken, die Stein-

böden im Inneren – all das hat ein tolles Flair vermittelt und unsere Kreativität beflügelt.

Klar, wir hatten unglaublich Glück mit dem Wetter, die Sonne hat jeden Tag für uns geschienen. Aber was braucht es mehr, als Sommer und Sonne, um glücklich zu sein … Keine Frage, dass meine Tochter Alina dabei war und wir eine Mannschaft aus guten Freunden waren, das hat natürlich auch dazu beigetragen, dass die Fotos wahnsinnig viel gute Laune und Lebensfreude herüberbringen.

Zum Beispiel, wenn wir im Freien den Tisch unter dem alten Kirschbaum gedeckt haben und uns zu Antipasti, frischem Brot und einem Glas kühlen Wein zusammengesetzt haben. Das war der pure Genuss. Die pure Lebensfreude. Oder an einem Tag haben wir spontan ein paar Kleinigkeiten und einen Gaskocher eingepackt und sind zum Badesee aufgebrochen. Am Sandstrand des Stausees in der Nähe haben wir ein Picknick gemacht, mit gebratenem Gemüse und anderen Leckereien. Ohne stundenlanges Vorbereiten oder Vorkochen – wir haben einfach mitgenommen, was wir im Kühlschrank hatten. Auch unser Grillabend war ein Genuss. Es gab mediterran gewürzten Fisch, Fleisch, dazu Gemüse und Salate. Und wir haben Stockbrot über dem Feuer gebacken. Stockbrot ist ja eigentlich typisch deutsch, andererseits ist es aus Hefeteig. Schon schließt sich der Kreis zur italienischen Küche, denn auch Pizza ist aus Hefeteig und wird oft im Holzofen gebacken. Das ist es, was ich zeigen will: Nichts ist gestellt, was wir hier machen, das kann jeder auch bei sich zu Hause erleben …

Was Ihr auf den Fotos auch seht, ist, dass wir viele meiner Gerichte in der kleinen Küche des Holunderhofs gekocht haben. Das ist wahrlich keine perfekt und mit allem High-tech-Schnickschack ausgestattete Küche. Im Gegenteil, hier gab es weniger Equipment als in der durchschnittlich ausgestatteten Küchenzeile (nicht mal eine Geschirrspülmaschine). Wir hatten einen Gasherd mit drei Platten und einen kleinen Backofen. Aber dennoch haben das Kochen und das Essen hier unglaublichen Spaß gemacht. Und das ist doch ein toller Beweis dafür, dass ich nicht nur sage, dass meine Rezepte schnell, einfach und ehrlich sind, sondern dass es wirklich so ist.

// Avanti amici //

In diesem Sinne lade ich Euch ganz herzlich ein, *bella italia* nach Hause zu holen. Wenn Ihr das Buch Seite für Seite durchblättert, in den sonnigen Fotos schwelgt und meine Rezepte für Euch entdeckt, dann werdet Ihr erleben, dass ich nicht zu viel verspreche. Italien, ach Italien, das ist einfach ein Lebensgefühl.

Der Titel meines Buchs lautet »A Tavola!«, und der Tisch ist ein wiederkehrendes Motiv. Denn wenn wir uns mit der Familie und den Freunden um einen Tisch versammeln, gemeinsam italienisch essen, trinken, lachen und fröhlich sind, so erleben wir schon viel italienisches Lebensgefühl.

Gegliedert habe ich »A Tavola!« in Antipasti (in diesem Kapitel finden sich auch Suppen), Pizza, Pasta, Fisch, Fleisch, Gemüse und Desserts. So übertrage ich die *cucina italiana* auf unsere Essgewohnheiten. In Italien sind Pastagerichte ja eigentlich keine Hauptspeise. Sie heißen *primi piatti*, und man isst sie nach der Vorspeise (*antipasto*) und dem eigentlichen Hauptgericht (*secondo piatto*). So sehr wir die italienische Küche lieben, hat sich das bei uns nicht durchgesetzt. Darum sind die Pastagerichte, die ich Euch vorstelle, allesamt als Hauptspeisen konzipiert, ebenso die Pizzen, Gemüse-, Fleisch- und Fischgerichte.

Mir ist es wichtig, dass Ihr meine Rezepte nicht als in Stein gemeißelte Vorgaben betrachtet. Lasst Euch inspirieren, holt Euch neue Ideen, probiert und variiert! Wenn Ihr kulinarische Erinnerungen aus dem letzten Italienurlaub mitgebracht habt, dann spielt damit. Die Zutaten für meine Rezepte sind nicht schwer zu bekommen, und wenn Ihr neue Ideen habt, so lasst sie einfließen. Ich mache keine Vorschriften, ich mache Vorschläge. Nehmt meine Rezepte, um Eure Kreativität am Herd zu entdecken. Kocht, esst und feiert mit Eurer Familie und Euren Freunden. Genießt Euer ganz persönliches *dolce vita* und das berühmte italienische *dolce far niente*.

Eingangs habe ich es erwähnt: Unser aller Leben ist stressig und hektisch. Wenn es mir mit diesem Buch gelingt, dass Ihr Euren Traum von Italien nach Hause holt und ganz entspannt im Genuss schwelgt, dann habe ich alles erreicht, was ich mir zum Ziel gesetzt hatte. Außerdem war es genau die richtige Entscheidung, dass ich nicht mit dem Cinquecento durch die toskanischen Hügel gefahren und mit der Vespa durch enge italienische Gassen gekurvt bin …

Und, ganz wichtig: Habt Sonne im Herzen, dann habt Ihr sie auch auf dem Teller und auf dem Tisch! *Avanti, a Tavola!*

ANTIPASTI

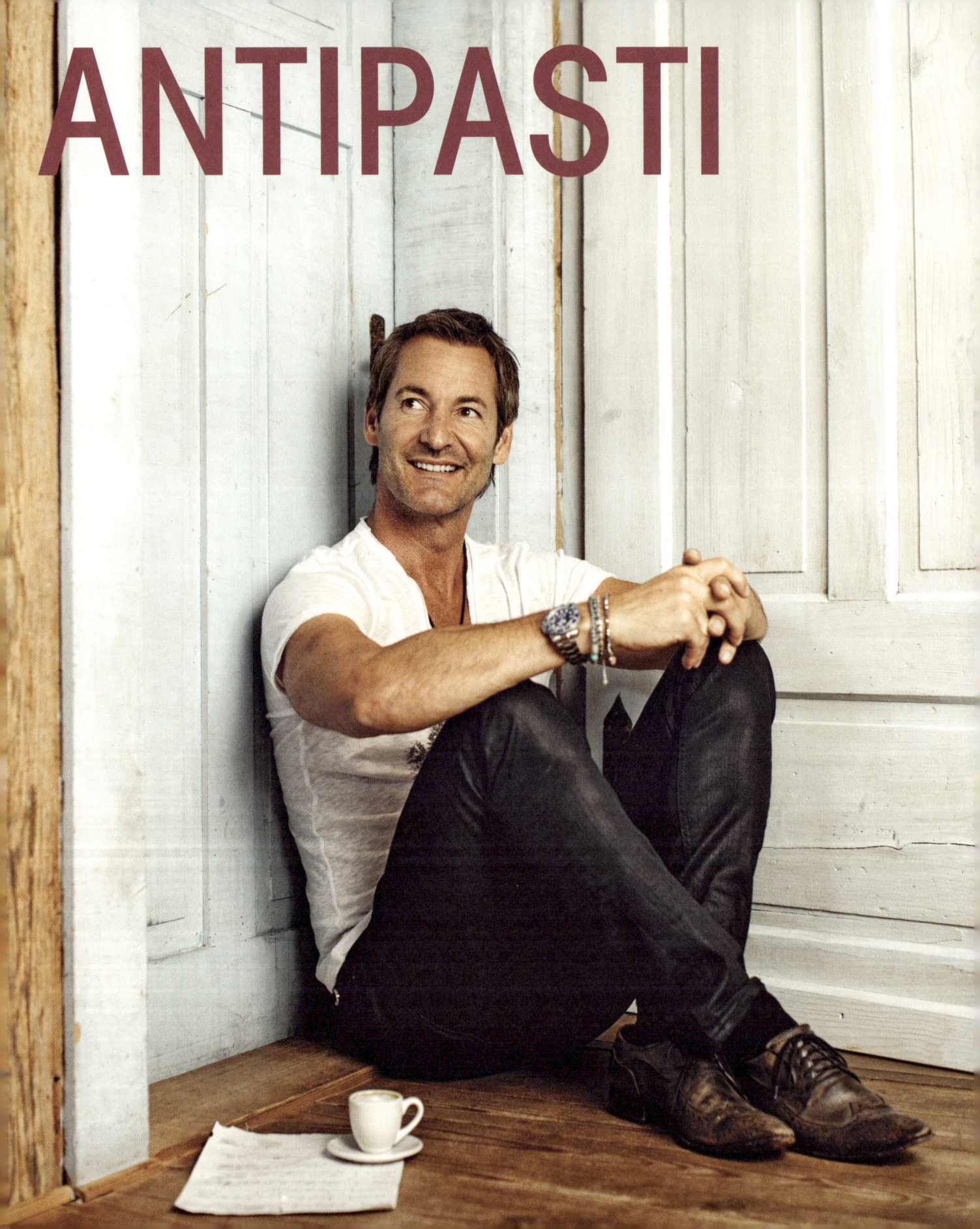

IMPRESSIONI

// Tomatensuppe mit Mozzarella und Basilikum //

Für die Suppe
500 g reife Kirschtomaten
4 Knoblauchzehen
8 EL gutes Olivenöl
½ TL Meersalz
1 kleine Zwiebel
5 Stängel Basilikum
400 g Eiertomaten (aus der Dose)
1 Kugel Büffelmozzarella (ca. 125 g)
Salz
frisch gemahlener schwarzer Pfeffer

Zum Anrichten
einige Blätter Basilikum
gutes Olivenöl

Zubereitungszeit 60 Minuten

So geht's //
Suppe
1. Die Tomaten waschen und mit einer spitzen Gabel mehrmals einstechen. Den Knoblauch schälen und grob hacken. Die Tomaten zusammen mit dem Knoblauch auf ein Backblech legen, 5 EL Olivenöl darüberträufeln und mit dem Meersalz würzen. Das Backblech für 20 Minuten in den auf 180 °C vorgeheizten Backofen (Ober-/Unterhitze) schieben.
2. Die Zwiebel in feine Würfel schneiden. Das restliche Olivenöl bei mittlerer Temperatur erhitzen und die Zwiebelwürfel darin anschwitzen. Die abgezupften Basilikumblätter und die Eiertomaten zufügen und das Ganze ca. 15 Minuten leise köcheln lassen. Anschließend den klein geschnittenen Mozzarella zufügen. Die Suppe in einen Standmixer umfüllen und die im Ofen gegarten Kirschtomaten zufügen. Alles zusammen gut mixen. Falls die Konsistenz zu dickflüssig ist, vorsichtig etwas heißes Wasser zufügen und erneut mixen. Abschließend die Tomatensuppe mit Salz und Pfeffer abschmecken.

Zum Anrichten // Die Suppe auf 4 vorgewärmte Teller verteilen, mit etwas Olivenöl und einigen Blättchen Basilikum garnieren.

Für 4

// Thunfischtatar mit Chili und Rucola //

Für das Thunfischtatar
600 g Thunfisch, Sashimi-Qualität

Für den Salat
1 große, milde rote Chili
1 TL Kapern
1 Bio-Limette
1 Bio-Zitrone
2 Zweige Oregano
8 EL bestes Olivenöl
Salz
frisch gemahlener schwarzer Pfeffer
Kristallzucker
1 Handvoll frischer Rucola (ca. 50 g)

Zubereitungszeit 45 Minuten

So geht's //
Thunfischtatar
Den Thunfisch in Würfel mit einer Kantenlänge von ca. 0,5 cm schneiden und bis zum Anrichten nochmals kühl stellen.

Salat
1. Für das Dressing die Chilischote waschen, halbieren und die Kerne entfernen. Danach die Chilischote in sehr feine Würfel schneiden. Die Kapern etwas hacken. Die Schale der Zitrone und der Limette abreiben und die Früchte anschließend auspressen. Die Oregano-blättchen abzupfen und etwas hacken. Die Chiliwürfel, die Kapern, den Saft und den Abrieb der Zitrusfrüchte, den Oregano sowie das Olivenöl und die Gewürze gut zu einem Dressing verrühren.
2. Den Rucola waschen und putzen. Danach das Dressing über den Rucola geben und leicht vermengen.

Zum Anrichten // Den Thunfisch auf 4 Teller verteilen und den Rucola darauf anrichten.
Das restliche Dressing darüberträufeln.

// Marinierte Pilze mit geschmolzenem Mozzarella //

Für die Pilze

2 Handvoll Pilze (ca. 200 g; z. B. Champignons, Austernpilze, Kräutersaitlinge)
5 EL gutes Olivenöl
Salz
frisch gemahlener schwarzer Pfeffer
2 Zweige frischer Thymian
etwas Condimento bianco
3 Sardellen
1 kleine Handvoll grüne Oliven (ca. 50 g, ohne Stein)
3 EL Doppelrahm-Frischkäse
Saft einer ½ Zitrone
1 Kugel Mozzarella (ca. 125 g)
2 EL Olivenöl

Zum Anrichten
einige Blättchen Thymian

Zubereitungszeit 45 Minuten

So geht's //

1. Die Pilze mit einem Küchenkrepp oder Pinsel gut säubern und anschließend in ca. 0,5 cm dicke Scheiben schneiden. Das Olivenöl in einer Pfanne bei mittlerer Temperatur erhitzen und die Pilze darin anbraten, bis sie etwas Farbe angenommen haben. Die Pilze mit Salz und Pfeffer würzen und die abgezupften Thymianblättchen dazugeben. Das Ganze dann mit dem Essig ablöschen. Den Inhalt der Pfanne in eine ofenfeste Form oder auf ein Backblech umfüllen.
2. Die Sardellen und die Oliven etwas hacken. Die Sardellen, die Oliven, den Frischkäse sowie den Zitronensaft in einer Schüssel zu einer homogenen Creme verrühren und mit Salz und Pfeffer abschmecken. Die Creme als Kleckse auf den Pilzen verteilen. Den Mozzarella in Scheiben schneiden und auf die Pilze legen. Das Olivenöl über die Pilze träufeln.
3. Die Pilze ca. 5–8 Minuten im auf 200 °C vorgeheizten Backofen (Grillstufe) gratinieren.

Zum Anrichten // Die fertigen Pilze auf 4 Teller verteilen und mit einigen Blättchen Thymian garnieren.

// Hähnchen-Vitello mit weißem Balsamico und Honig //

Für das Hähnchen-Vitello
3–4 Hähnchenbrustfilets (ca. 600 g)
Salz
frisch gemahlener schwarzer Pfeffer
2 EL Olivenöl

Für die Sauce
200 g Thunfisch (in Öl)
1 EL Kapern
200 g Mayonnaise
100 g Naturjoghurt (3,5 % Fettgehalt)
2 EL weißer Balsamico (Condimento bianco)
Kristallzucker
etwas Zitronensaft
1 TL flüssiger Honig

Zum Anrichten
1 Handvoll geputzter Rucola (ca. 50 g)
¼ Chilischote, entkernt und sehr fein gewürfelt

Zubereitungszeit 45 Minuten

**So geht's //
Hähnchen-Vitello**

Die Hähnchenbrustfilets mit Salz und Pfeffer würzen. Das Olivenöl in einer ofenfesten Pfanne erhitzen und die Hähnchenbrustfilets von beiden Seiten gut anbraten. Die Pfanne dann in den auf 90 °C vorgeheizten Backofen (Ober-/Unterhitze) schieben und die Filets ca. 30 Minuten nachgaren. Die durchgegarten Hähnchenbrustfilets aus dem Ofen nehmen und gut abkühlen lassen. Vor dem Servieren die Filets schräg in dünne Scheiben schneiden.

Sauce

Den Thunfisch in ein Sieb geben und gut abtropfen lassen. Die Kapern etwas hacken. Anschließend in einem hohen Rührbecher mit einem Stabmixer aus dem Thunfisch, den Kapern, der Mayonnaise, dem Joghurt und dem Essig eine sämige Sauce mixen. Die Sauce mit dem Zucker, dem Zitronensaft und dem Honig abschmecken.

Zum Anrichten // Den Rucola und die Chiliwürfel als Unterlage auf die Teller verteilen. Anschließend die Hähnchenfiletscheiben darauf anrichten und die Sauce darüberlöffeln.

// Tomaten-Bruschetta mit Scampi und Limonenöl //

Für die Tomaten
1 Handvoll reifer Tomaten (ca. 200 g)
2 Stängel Basilikum
4 EL gutes Olivenöl
Salz
frisch gemahlener schwarzer Pfeffer
etwas Kristallzucker

Für die Scampi
1 Handvoll Scampi
(ca. 150 g; ohne Schale und Darm)
1 kleine Zwiebel
2 Knoblauchzehen
3 EL Limonenöl
Salz
frisch gemahlener schwarzer Pfeffer

Für die Bruschetta
5 EL Olivenöl
einige Zweige frische Kräuter
(z. B. Rosmarin, Thymian)
8 Scheiben Weißbrot (z. B. Ciabatta)
2 Knoblauchzehen

Zubereitungszeit 30 Minuten

So geht's //
Tomaten
Die Tomaten halbieren und die Kerne entfernen. Das Fruchtfleisch würfeln. Das Basilikum abzupfen und in Streifen schneiden. Die Tomatenwürfel mit den Basilikumstreifen, dem Öl und den Gewürzen mischen und etwas durchziehen lassen.

Scampi
Die Scampi, die Zwiebel und den Knoblauch klein würfeln. Das Limonenöl bei mittlerer Temperatur erhitzen und die Zwiebel- und die Knoblauchwürfel darin anschwitzen. Dann die Scampiwürfel zugeben und ebenfalls anschwitzen. Das Ganze mit Salz und Pfeffer würzen.

Bruschetta
Das Olivenöl in einer beschichteten Pfanne erhitzen und zum Aromatisieren einige Zweige frische Kräuter dazugeben. Dann die Brotscheiben nebeneinander in die Pfanne legen und gut rösten. Die gerösteten Brotscheiben auf Küchenkrepp abtropfen lassen und anschließend mit den halbierten Knoblauchzehen gut einreiben.

Zum Anrichten // Je 2 Brotscheiben auf einen Teller legen und als erste Schicht die Tomaten darauf anrichten. Abschließend die gebratenen Scampi gleichmäßig darauf verteilen.

// Schaumiges Parmesansüppchen mit grünem Pesto //

Für die Croûtons
4 EL Olivenöl
1 Zweig frischer Rosmarin
einige Weißbrotwürfel
Salz
frisch gemahlener schwarzer Pfeffer

Für das grüne Pesto
1 Handvoll Basilikum (ca. 50 g)
1 kleine Handvoll glatte Petersilie (ca. 25 g)
50 g Pinienkerne
½ Knoblauchzehe
50 ml gutes Olivenöl
50 g Parmesan
Salz
frisch gemahlener schwarzer Pfeffer

Für das Parmesansüppchen
1 kleine Zwiebel
1 Knoblauchzehe
1 EL Butter
1 Glas trockener Weißwein (ca. 100 ml)
500 ml Geflügel- oder Gemüsebrühe
200 ml flüssige Sahne
150 g Parmesan
1 TL grober Senf
Salz
frisch gemahlener schwarzer Pfeffer

Zubereitungszeit 45 Minuten

So geht's //
Croûtons
Das Olivenöl in einer beschichteten Pfanne erhitzen. Die Rosmarinnadeln abzupfen, fein hacken und im Olivenöl anschwitzen. Dann die Weißbrotwürfel in die Pfanne geben und gut rösten. Die Croûtons mit Salz und Pfeffer würzen und erkalten lassen.

Grünes Pesto
Die Kräuter waschen und trocken schütteln. Die Blättchen von den Kräuterstängeln zupfen und zusammen mit den Pinienkernen und dem geschälten, grob gehackten Knoblauch in einen hohen Rührbecher füllen. Mit einem Stabmixer alles gut zerkleinern. Anschließend das Olivenöl unter stetigem Mixen unterrühren bis eine sämige Paste entstanden ist. Zum Schluss den geriebenen Parmesan untermixen und mit Salz und Pfeffer abschmecken.

Parmesansüppchen
Die Zwiebel und den Knoblauch fein würfeln. Die Butter bei mittlerer Temperatur erhitzen und die Zwiebel- und Knoblauchwürfel gut anschwitzen. Mit dem Weißwein ablöschen und anschließend mit der Brühe und der Sahne aufgießen. Die Suppe aufkochen und dann den geriebenen Parmesan sowie den Senf unterrühren. Die Suppe anschließend mit einem Stabmixer aufmixen. Danach die Suppe nochmals aufkochen und mit Salz und Pfeffer abschmecken.

Zum Anrichten // Die Suppe auf 4 vorgewärmte tiefe Teller verteilen. Je 1 EL grünes Pesto und die Croûtons darauf anrichten.

// Tramezzini mit Taleggiocreme, Knusperparma und Thunfisch //

Für den Knusperparma
150 g Parmaschinken, in feine Scheiben geschnitten

Für die Taleggiocreme
100 g Taleggio
100 g Doppelrahm-Frischkäse
3 EL Mayonnaise
Salz
frisch gemahlener schwarzer Pfeffer

Für die Fertigstellung
1 kleine Dose Thunfisch (ca. 80 g, in Öl)
etwas frischer Blattsalat (z. B. Radicchio oder Rucola)
4–8 große Scheiben Tramezzino-Brot (ersatzweise Toastbrot ohne Rinde)

Zum Anrichten
Dekopicker

Zubereitungszeit 30 Minuten

So geht's //
Knusperparma
Die Schinkenscheiben nebeneinander auf ein Backblech legen. Das Backblech in den auf 180 °C vorgeheizten Backofen (Ober-/Unterhitze) schieben und den Parmaschinken 5 Minuten knusprig rösten. Anschließend das Blech aus dem Ofen nehmen und die Schinkenscheiben erkalten lassen.

Taleggiocreme
Den grob gewürfelten Taleggio, den Frischkäse und die Mayonnaise in einen hohen Rührbecher füllen und mit einem Stabmixer zu einer glatten Creme pürieren. Anschließend mit Salz und Pfeffer gut abschmecken.

Fertigstellung
Den Thunfisch in ein Sieb umfüllen und gut abtropfen lassen. Die Salatblätter waschen und gut trocknen. Die Creme auf die Hälfte der Tramezzinoscheiben verteilen. Anschließend erst den Knusperschinken und dann den Thunfisch darauf anrichten. Als Abschluss einige Salatblätter und die restlichen Brotscheiben darauflegen. Vor dem Anrichten die Tramezzini in Dreiecke schneiden.

Zum Anrichten // Die Tramezzini mit den Dekopickern fixieren und auf 4 Teller verteilen.

// Mein Nizza-Salat Italiano //

Für den Salat
400 g festkochende Kartoffeln
4 Eier
1 Zwiebel
einige grüne Oliven (ca. 50 g, ohne Stein)
1 EL Kapern
2 EL getrocknete Tomaten (in Öl eingelegt)
1 Kugel Mozzarella (ca. 125 g)
1 Handvoll Rucola (ca. 50 g)

Für das Dressing
1 Chilischote
2 Sardellenfilets
4 EL Aceto balsamico
Salz
frisch gemahlener schwarzer Pfeffer
½ TL Kristallzucker
5 EL sehr gutes Olivenöl

Zubereitungszeit 45 Minuten

So geht's //
Salat
1. Die Kartoffeln mit Schale in kochendem Salzwasser weich kochen. Nach dem Ausdampfen die Kartoffeln schälen, in Scheiben schneiden und in eine große Salatschüssel füllen.
2. Die Eier entweder in kochendem Wasser oder in einem Eierkocher hart kochen. Nach dem Erkalten die Eier schälen.
3. Die Zwiebel in feine Würfel schneiden. Die Oliven, die Kapern und die Tomaten grob hacken. Den Mozzarella etwas zerpflücken. Die Zwiebelwürfel, die Oliven, die Tomaten, die Kapern und den Mozzarella zu den Kartoffeln geben und vermischen. Den Rucola waschen, gut trocknen und zum Salat geben.

Dressing
Die Chilischote halbieren, alle Kerne entfernen und in sehr feine Würfel schneiden. Die Sardellen grob hacken. Die Chili, die Sardellen, den Essig und die Gewürze in einen hohen Rührbecher geben und gut vermischen. Anschließend unter stetigem Rühren das Olivenöl in einem feinen Strahl einlaufen lassen. Danach das Dressing nochmals abschmecken.

Zum Anrichten // Das Dressing über den Salat geben und alles gut vermischen. Die hart gekochten Eier vierteln und nach Belieben entweder als Dekoration auf den Salat setzen oder vorsichtig untermischen.

// Knusperparmesan mit Olivensalat //

Für den Knusperparmesan
1 kleiner Zweig Rosmarin
150 g frisch geriebener Parmesan

Für den Olivensalat
1 rote Paprikaschote
1 Tomate
1 Handvoll grünen Oliven (ca. 100 g, ohne Stein)
5 getrocknete Tomaten (in Öl eingelegt)
2 Lauchzwiebeln
2 EL Condimento bianco
Salz
frisch gemahlener schwarzer Pfeffer
Kristallzucker
3 EL gutes Olivenöl

Zum Anrichten
4 EL rotes Pesto (siehe S. 58 »Linguine in roter Pestosauce«)
einige Basilikumblättchen

Zubereitungszeit 60 Minuten

So geht's //
Knusperparmesan

Den Rosmarin waschen, trocknen und die Nadeln abzupfen. Den geriebenen Parmesan mit den fein gehackten Rosmarinnadeln vermischen. Ein Backblech mit Backpapier auslegen und 4 gleichmäßige Kreise (ca. 12 cm Durchmesser) aus dem Rosmarin-Parmesan daraufstreuen. Das Backblech für ca. 8 Minuten in den auf 180 °C vorgeheizten Backofen (Ober-/Unterhitze) schieben. Anschließend das Backblech aus dem Ofen nehmen und die kurz abgekühlten, aber noch elastischen (Vorsicht Verbrennungsgefahr!) Parmesanscheiben mit einer Kuchenpalette jeweils über eine umgedrehte Tasse legen und die Ränder leicht nach unten biegen, sodass vier Körbchen entstehen. Den Parmesan abkühlen lassen. Dann von den Tassen entfernen.

Olivensalat

1. Die Paprikaschote waschen, halbieren und die Kerne entfernen. Die Paprikahälften mit der Schnittseite nach unten auf ein Backblech legen und im vorgeheizten Backofen (Grillstufe) solange grillen, bis die Haut schwarz wird und beginnt sich vom Fruchtfleisch zu lösen. Die Paprikahälften aus dem Ofen nehmen, mit einem feuchten Tuch bedecken und kurz ruhen lassen. Anschließend die Haut vollständig abziehen.
2. Die Haut der Tomate kreuzweise einritzen und die Tomate in einer Schüssel mit kochendem Wasser übergießen. Die Tomate häuten.
3. Die Paprika, die Tomate, die Oliven, die abgetropften getrockneten Tomaten und die geputzten Lauchzwiebeln fein würfeln und in eine Schüssel geben.
4. Den Essig, das Salz, den Pfeffer und den Zucker in einer kleinen Rührschüssel gut verrühren. Dann unter stetigem Rühren das Olivenöl als feinen Strahl einlaufen lassen. Das Dressing zum Salat in die Schüssel geben und alles gut vermischen.

Zum Anrichten // Den Olivensalat auf die 4 Parmesankörbchen verteilen und jeweils 1 EL rotes Pesto und einige Basilikumblättchen darauf anrichten.

PASTA

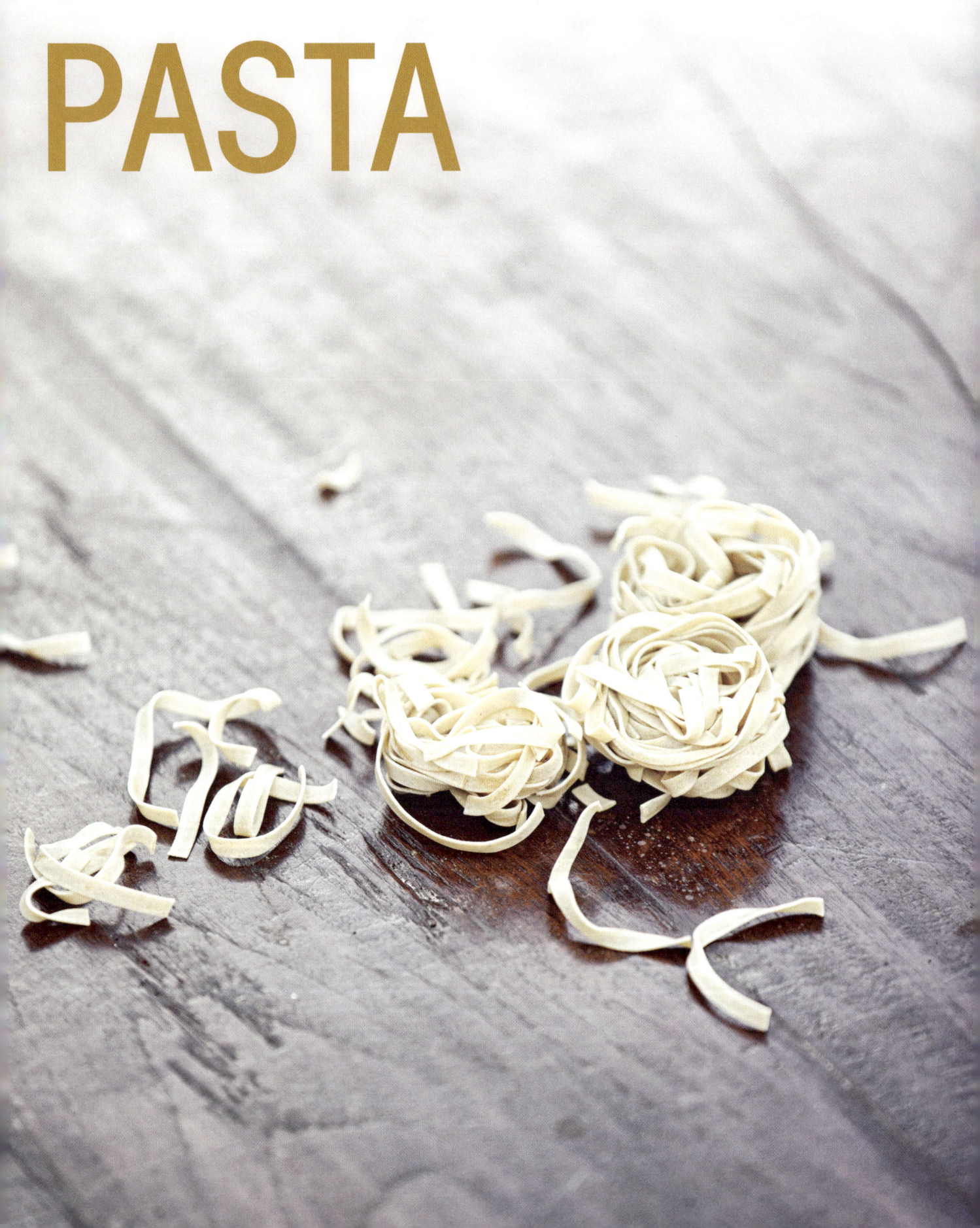

Amici
(Freunde)
Aperitivo
(Aperitif)
Pane
(Brot)
Festa
(Feier)
Fuoco
(Feuer)

IMPRESSIONI

// Fregola Sarda mit Parmaschinken und Taleggio //

Für die Fregola Sarda
1 kleine Zwiebel
1 Knoblauchzehe
1 rote Paprikaschote
2 EL Butter
200 g Fregola
100 ml Vermouth
300 ml kräftige Geflügel- oder Gemüsebrühe
150 g Parmaschinken, am Stück
2 EL Olivenöl
200 g Tomaten (aus der Dose)
100 g Taleggio
Salz
frisch gemahlener schwarzer Pfeffer

Zum Anrichten
8 Scheiben Parmaschinken

Zubereitungszeit 45 Minuten

So geht's //
Fregola Sarda

1. Die Zwiebel und die Paprikaschote putzen und in sehr feine Würfel schneiden. Die Knoblauchzehe schälen und sehr fein hacken. Die Butter in einem Topf bei mittlerer Temperatur erhitzen und die Zwiebeln, den Knoblauch und die Paprikawürfel darin anschwitzen. Die Fregola zugeben und ebenfalls anschwitzen. Mit dem Vermouth ablöschen und mit der Brühe aufgießen. Die Fregola ca. 15 Minuten leicht köcheln lassen. Währenddessen mehrmals umrühren.
2. Den Parmaschinken in feine Würfel schneiden. Das Olivenöl in einer beschichteten Pfanne erhitzen und die Schinkenwürfel darin kross anbraten.
3. Die Schinkenwürfel zusammen mit den Tomaten und dem leicht zerpflückten Taleggio zu den Fregola geben und gut unterrühren. Das ganze nochmals aufkochen und mit Salz und Pfeffer abschmecken.

Zum Anrichten // Den Parmaschinken in einer beschichteten Pfanne ohne Fettzugabe kross anbraten. Die Fregola Sarda auf 4 vorgewärmte Teller verteilen und mit den Parmaschinkenscheiben garnieren.

// Penne mit Honig-Gorgonzola-Sauce //

Für die Honig-Gorgonzola-Sauce
1 kleiner Zucchino
1 kleine Zwiebel
2 EL Olivenöl
1 kleine Handvoll Pinienkerne (ca. 50 g)
3 EL Mascarpone
1 Tasse Milch (ca. 150 ml)
1 Tasse Brühe (ca. 150 ml)
4 EL Gorgonzola
½ Chilischote, ohne Kerne
½ Bio-Zitrone
1 TL Kapern
2 EL flüssiger Honig
Salz
frisch gemahlener schwarzer Pfeffer

Für die Penne
500 g Penne
Salz

Zum Anrichten
1 EL schwarzer Pfeffer, geschrotet
100 g Bresaola

Zubereitungszeit 30 Minuten

So geht's //
Honig-Gorgonzola-Sauce
1. Den Zucchino und die Zwiebel in feine Würfel schneiden. Das Olivenöl in einem Topf erhitzen und die Zwiebel- und Zucchiniwürfel zusammen mit den Pinienkernen darin anbraten. Anschließend den Mascarpone, die Milch und die Brühe angießen. Das ganze kurz aufkochen und dann den Gorgonzola unterrühren.
2. Die Chilischote sehr fein würfeln. Die Sauce mit den Chiliwürfeln, dem Zitronenabrieb, den gehackten Kapern und dem Honig würzen. Nochmals aufkochen und abschließend mit Salz und Pfeffer abschmecken.

Penne
In einem ausreichend großen Topf Wasser zum Kochen bringen, salzen und die Penne entsprechend der Packungsanleitung al dente kochen. Die fertigen Penne abgießen und anschließend unter die Sauce mischen.

Zum Anrichten // Die Penne auf 4 vorgewärmte tiefe Teller verteilen und mit geschrotetem Pfeffer und in Streifen geschnittenem Bresaola garnieren.

// Spaghetti-Gratin Carbonara //

Für das Spaghetti-Gratin
500 g Spaghetti
Salz
2 Hähnchenbrustfilets (à ca. 150 g)
1 Handvoll Pilze (ca. 100 g, z. B. Champignons, Shiitake, Pfifferlinge etc.)
1 kleine Zwiebel
100 g Pancetta oder durchwachsener Bauchspeck
2 EL neutrales Pflanzenöl
1 Tasse Weißwein (ca. 150 ml)
2 Tassen flüssige Sahne (ca. 300 ml)
frisch gemahlener schwarzer Pfeffer
180 g Parmesan, frisch gerieben
2 EL Butter
1 Kugel Mozzarella (ca. 125 g)

Zubereitungszeit 45 Minuten

So geht's //
Spaghetti-Gratin

1. In einem großen Topf reichlich Wasser zum Kochen bringen und gut salzen. Die Spaghetti darin al dente kochen, abgießen und gut abtropfen lassen.

2. Die Hähnchenbrustfilets waschen, trocken tupfen und in kleine Würfel schneiden. Die Pilze putzen und in mundgerechte Stücke schneiden. Die Zwiebel schälen und fein würfeln. Den Pancetta ebenfalls fein würfeln. Das Öl in einer Pfanne erhitzen und die Fleischwürfel kräftig anbraten. Die Pilze, die Zwiebel und den Speck zugeben und ebenfalls gut anbraten. Anschließend mit dem Wein ablöschen und diesen etwas einkochen. Dann mit der Sahne aufgießen. Alles zusammen aufkochen und mit Salz und Pfeffer abschmecken.

3. Die Spaghetti in die Sauce mischen und ca. 100 g geriebenen Parmesan unterrühren.

4. Nochmals mit Salz und Pfeffer abschmecken und dann den Pfanneninhalt in eine feuerfeste, leicht gebutterte Form umfüllen. Den restlichen Parmesan sowie den zerpflückten Mozzarella über das Gratin streuen und einige Butterflocken daraufsetzen. Das Gratin für 10 Minuten in den auf 200 °C vorgeheizten Backofen (Oberhitze) schieben.

Zum Anrichten // Das Gratin auf 4 vorgewärmten Tellern anrichten.

// Pias lauwarmer Pasta-Salat //

Für den Pasta-Salat
500 g Spaghetti
Salz
1 Kugel Mozzarella (ca. 125 g)
1 Handvoll Kirschtomaten (ca. 150 g)
2 Frühlingszwiebeln
2 EL Pinienkerne
1 Handvoll Basilikum (ca. ½ Bund)

Für das Dressing
5 EL weißer Essig
Salz
frisch gemahlener schwarzer Pfeffer
Kristallzucker
5 EL gutes Olivenöl

Zubereitungszeit 30 Minuten

So geht's //
Pasta-Salat
1. In einem großen Topf reichlich Wasser zum Kochen bringen und kräftig salzen. Die Spaghetti al dente kochen, abgießen und gut abtropfen lassen.
2. Währenddessen den Mozzarella zerpflücken, die Kirschtomaten waschen und halbieren und die Lauchzwiebeln putzen und in feine Röllchen schneiden. Die Pinienkerne in einer beschichteten Pfanne ohne Fettzugabe kurz rösten. Das Basilikum waschen, trocken schütteln, die Blättchen abzupfen und in Streifen schneiden.
3. Die fertigen Spaghetti abgießen und etwas abtropfen lassen. Anschließend die noch heißen Spaghetti mit den restlichen Salatzutaten mischen.

Dressing
Den Essig und die Gewürze gut verrühren und dann das Öl in einem feinen Strahl unter ständigem Rühren einlaufen lassen. Das fertige Dressing über den Salat gießen und alles gut durchmischen. Vor dem Servieren den Salat nochmals abschmecken.

Zum Anrichten // Den Salat auf die vorbereiteten Teller verteilen.

MEIN TIPP // Ein wunderbar sommerlich leichtes Gericht, das mit einem kühlen, trockenen Weißwein und einem knusprigen Ciabatta zu einem Genuss wird.

// Pasta mit Tomaten-Rotwein-Sauce //

Für die Tomaten-Rotwein-Sauce
1 kleine Zwiebel
10 Sardellenfilets
1 Handvoll Mandelkerne (ca. 100 g, ohne
   Schale)
4 EL Olivenöl
1 Handvoll Rosinen (ca. 100 g)
2 EL Tomatenmark
1 Glas trockener Rotwein
200 g Tomaten (aus der Dose)
Salz
frisch gemahlener schwarzer Pfeffer

Für den frittierten Knoblauch
10 Knoblauchzehen
200 ml neutrales Pflanzenöl

Für die Pasta
500 g Pasta (z. B. Tagliatelle, Penne etc.)
Salz

Zubereitungszeit 45 Minuten

So geht's //
Tomaten-Rotwein-Sauce
1. Die Zwiebel schälen und fein würfeln. Die Sardellenfilets und die Mandelkerne etwas hacken.
2. Das Olivenöl in einer Pfanne erhitzen und die Zwiebeln, die Sardellenfilets, die Mandeln und die Rosinen kräftig anbraten. Das Tomatenmark zufügen und ebenfalls anbraten. Mit dem Wein ablöschen und mit den Tomaten aufgießen. Die Sauce mit Salz und Pfeffer würzen und dann ca. 15 Minuten leicht köcheln lassen, bis die Tomaten vollständig zerfallen sind. Abschließend nochmals abschmecken.

Frittierter Knoblauch
Die Knoblauchzehen schälen und in sehr feine Scheiben schneiden. Das Öl in einem Topf erhitzen (ca. 180 °C, am Stiel eines Holzkochlöffels sollten sich Blasen bilden, wenn er in das Fett getaucht wird). Dann die Knoblauchscheiben portionsweise kurz frittieren und auf Küchenkrepp abtropfen lassen.

Pasta
In einem großen Topf reichlich Wasser zum Kochen bringen und kräftig salzen. Die Pasta al dente kochen, abgießen und gut abtropfen lassen.

Zum Anrichten // Die Pasta mit der Sauce vermischen und auf 4 vorgewärmte tiefe Teller verteilen. Abschließend mit den frittierten Knoblauchscheiben garnieren.

// Penne mit Salsiccia, Tomaten und Zwiebel //

Für die Sauce
1 Zwiebel
1 kleine Karotte
¼ Stange Lauch
2 Knoblauchzehen
5 EL Olivenöl
500 g Eiertomaten (aus der Dose)
Salz
frisch gemahlener schwarzer Pfeffer
Kristallzucker
2 Stängel Basilikum

Für die Fleischbällchen
3–4 Salsicce oder rohe Schweinsbratwürste
1 rote Zwiebel
100 g Pancetta oder durchwachsener Bauch-
    speck
2 EL neutrales Pflanzenöl
1 Zweig Rosmarin

Für die Penne
500 g Penne
Salz

Zum Anrichten
etwas frisch geriebener Parmesan

Zubereitungszeit 60 Minuten

So geht's //
Sauce
Die Zwiebel schälen und in feine Würfel schneiden. Die Karotte und den Lauch putzen und ebenfalls fein würfeln. Den Knoblauch schälen und fein hacken oder durch eine Knoblauchpresse drücken. Das Öl in einem Topf erhitzen und die Zwiebel, die Karotte, den Lauch und den Knoblauch gut anbraten. Mit den Tomaten aufgießen und mit Salz, Pfeffer und Zucker würzen. Die Sauce ca. 15 Minuten köcheln lassen, dabei gelegentlich umrühren. Das Basilikum waschen, trocken schütteln, die Blättchen abzupfen und in Streifen schneiden. Die Basilikumstreifen in die Sauce rühren und nochmals abschmecken.

Fleischbällchen
Das Brät aus den Salsicce oder Schweinsbratwürsten in eine Schüssel drücken. Die Zwiebel schälen und in feine Würfel schneiden. Den Bauchspeck ebenfalls fein würfeln. Beides zum Brät geben und gut vermischen. Aus dem Fleischteig ca. golfballgroße Bällchen formen. (Dazu am besten die Hände zwischendurch immer wieder leicht mit kaltem Wasser befeuchten.) Das Öl mit dem Rosmarin in einer Pfanne erhitzen und die Fleischbällchen darin braten, bis sie von allen Seiten gut angebraten sind. Die Fleischbällchen auf einem ofenfesten Teller bis zum Anrichten im auf 80 °C vorgeheizten Backofen (Ober-/Unterhitze) warm halten.

Penne
In einem großen Topf reichlich Wasser zum Kochen bringen und kräftig salzen. Die Penne al dente kochen, abgießen und gut abtropfen lassen.

Zum Anrichten // Die Penne und die Fleischbällchen unter die Sauce mischen und auf 4 vorgewärmte tiefe Teller verteilen. Abschließend mit etwas Parmesan bestreuen.

// Geschmolzene Strozzapreti mit Lachs, Scamorza und Trauben //

Für die geschmolzenen Strozzapreti
500 g Strozzapreti
Salz
150 g Räucherlachs
1 Handvoll weiße Trauben (ca. 100 g)
4 EL Butter
2 EL Pinienkerne
1 Kugel Scamorza
einige frische Kräuter (z. B. Estragon)
Salz
frisch gemahlener schwarzer Pfeffer

Zum Anrichten
einige Kräuterblättchen
1 EL Pinienkerne

Zubereitungszeit 30 Minuten

So geht's //
Geschmolzene Strozzapreti
1. In einem großen Topf reichlich Wasser zum Kochen bringen und kräftig salzen. Die Strozzapreti al dente kochen, abgießen, dabei das Nudelwasser auffangen, und etwas abtropfen lassen.
2. Den Räucherlachs klein schneiden. Die Trauben waschen, trocknen, halbieren und eventuell vorhandenen Kerne entfernen. Die Butter in einer Pfanne kurz aufschäumen lassen, die Pinienkerne zugeben und kurz in der Butter schwenken. Den Räucherlachs und die Traubenhälften zugeben und ebenfalls in der Butter schwenken. Die Strozzapreti mit 3 EL Nudelwasser in die Pfanne geben und gut durchschwenken.
3. Den Scamorza in Würfel schneiden und zusammen mit den gehackten Kräutern in die Pfanne geben. Den gesamten Pfanneninhalt nochmals gut in der Butter schwenken und anschließend mit Salz und Pfeffer würzen.

Zum Anrichten // Die Strozzapreti auf 4 vorgewärmte tiefe Teller verteilen und mit den Kräuterblättchen und den Pinienkernen garnieren.

// Spaghetti al ragù //

Für die Sauce
3 Knoblauchzehen
1 Zwiebel
2 kleine Karotten
2 Stangen Staudensellerie
100 g Pancetta oder durchwachsener Bauch-
    speck
5 EL gutes Olivenöl
1 EL Butter
500 g Hackfleisch (je zur Hälfte Kalb und Rind)
1 Glas trockener Rotwein (ca. 100 ml)
ca. 500 ml Fleischbrühe
200 g passierte Eiertomaten (aus der Dose)
1 Lorbeerblatt
2 Gewürznelken
1 EL getrocknete Steinpilze
etwas frisch geriebene Muskatnuss
Salz
frisch gemahlener schwarzer Pfeffer
etwas Kristallzucker

Für die Spaghetti
500 g Spaghetti
Salz

Anrichten
etwas frisch geriebener Parmesan

Zubereitungszeit 2 Stunden 30 Minuten

So geht's //
Sauce
Die Knoblauchzehen schälen und fein hacken oder durch eine Presse drücken. Die Zwiebel schälen und fein würfeln. Die Karotten und den Staudensellerie putzen und ebenfalls fein würfeln. Den Pancetta klein schneiden. Das Öl und die Butter bei mittlerer Temperatur erhitzen und den Pancetta darin anbraten. Anschließend das Hackfleisch eventuell in 2 Portionen gut anbraten. Dann die Gemüsewürfel und den Knoblauch dazugeben und nochmals gut anbraten. Mit dem Rotwein ablöschen und den Wein einkochen lassen. Mit der Brühe und den Tomaten aufgießen. Das Lorbeerblatt und die Nelken, eventuell in ein Gewürzsäckchen verpackt, zusammen mit den Steinpilzen zur Sauce geben. Die Sauce mit Muskatnuss, Salz, Pfeffer sowie Zucker würzen und ca. 2 Stunden unter gelegentlichem Umrühren sanft köcheln lassen. Vor dem Anrichten die Sauce nochmals abschmecken.

Spaghetti
In einem großen Topf reichlich Wasser zum Kochen bringen und kräftig salzen. Die Spaghetti al dente kochen, abgießen und gut abtropfen lassen.

Zum Anrichten // Die Spaghetti unter die Sauce mischen und auf 4 vorgewärmte tiefe Teller verteilen. Mit dem Parmesan bestreuen.

// Linguine in roter Pestosauce //

Für das Pesto
1 Handvoll getrockneter Tomaten in Öl
   (ca. 100 g)
ca. 100 g Pecorino oder Parmesan
½ rote Chilischote
1 Knoblauchzehe
3 EL Tomatenmark
2 EL Pinienkerne
2 EL Condimento bianco
etwas Kristallzucker
Salz
frisch gemahlener schwarzer Pfeffer
8 EL gutes Olivenöl

Für die Linguine
500 g Linguine
Salz

Zum Anrichten
etwas Parmesan oder Pecorino

Zubereitungszeit 30 Minuten

So geht's //
Pesto
Die getrockneten Tomaten abtropfen lassen und grob zerkleinern. Den Käse ebenfalls in grobe Stücke zerteilen. Die Chilischote entkernen. Die Knoblauchzehe schälen und etwas hacken. Die Tomaten, den Käse, die Chilischote, das Tomatenmark, die Pinienkerne, den Knoblauch, den Essig und 3 EL Wasser in einen Standmixer geben und alles zu einer feinen Paste pürieren. Die Gewürze zugeben und das Olivenöl untermixen. Abschließend nochmals abschmecken.

Linguine
In einem großen Topf reichlich Wasser zum Kochen bringen und kräftig salzen. Die Linguine al dente kochen, abgießen und gut abtropfen lassen.

Zum Anrichten // In einer Schüssel die Linguine mit dem Pesto vermischen und dann auf 4 vorgewärmte tiefe Teller verteilen. Abschließend noch mit frisch gehobelten Parmesan- oder Pecorinospänen garnieren.

// Spaghetti à la Chef //

Für die Spaghetti à la Chef
500 g Spaghetti
Salz
1 Zwiebel
8 Scheiben geräucherter Bauchspeck
1 Handvoll grüne Oliven (ca. 100 g, ohne Stein)
2 Knoblauchzehen
1 Handvoll Scampi (ca. 150 g, ohne Schale
    und Darm)
2 EL Olivenöl
200 g Eiertomaten (aus der Dose)
1 Tasse flüssige Sahne (ca. 150 ml)
frisch gemahlener schwarzer Pfeffer
4 Blätter Kochpergament (ca. 20 x 20 cm)

Zum Anrichten
1 Handvoll frischer Rucola (ca. 50 g)

Zubereitungszeit 45 Minuten

So geht's //
Spaghetti à la Chef
1. In einem großen Topf reichlich Wasser zum Kochen bringen und kräftig salzen. Die Spaghetti al dente kochen, abgießen und abtropfen lassen.
2. Die Zwiebel schälen und in feine Würfel schneiden. Den Bauchspeck klein schneiden, die Oliven grob hacken. Den Knoblauch fein würfeln und die Scampi je nach Größe etwas zerkleinern. Das Olivenöl in einer Pfanne erhitzen und die Zwiebeln und den Bauchspeck gut anbraten. Dann nacheinander die Oliven, den Knoblauch und die Scampi zugeben und jeweils ebenfalls gut anbraten. Mit den Tomaten und der Sahne aufgießen und die Sauce anschließend einkochen lassen. (Sie sollte eine dickflüssige Konsistenz annehmen.) Die Sauce mit Salz und Pfeffer abschmecken.
3. Die Pergamentblätter auf der Arbeitsplatte nebeneinander legen und die Ränder etwas nach oben biegen. Jeweils ein Viertel der Spaghetti und der Sauce darauf verteilen und das Pergament anschließend sorgfältig zu Päckchen verschließen. Die Päckchen auf einem Gitterrost für 10 Minuten in den auf 200 °C vorgeheizten Backofen (Ober-/Unterhitze; zweite Schiene von unten) schieben.

Zum Anrichten // Die Päckchen auf 4 vorgewärmte Teller setzen. Die Pergamentpäckchen aufschneiden und die Ränder auseinanderklappen. Die Spaghetti mit etwas klein geschnittenem Rucola garnieren.

PIZZA

IMPRESSIONI

// Grundrezept Pizzateig //

500 g Weizenmehl, Type 405
120 g Hartweizengrieß
½ TL Meersalz
1 TL Kristallzucker
10 g Trockenhefe

Zubereitungszeit 45 Minuten

So geht's //
Alle Zutaten mit ca. 400 ml lauwarmem Wasser in der Rührschüssel einer Küchenmaschine vermischen und gut durchkneten. Den Teig an einem warmen, zugfreien Ort 10 Minuten ruhen lassen. Anschließend den Teig nochmals gut durchkneten und den Pizzateig dann 20 Minuten an einem warmen, zugfreien Ort ruhen lassen. Den Teig auf der bemehlten Arbeitsfläche entweder zu einem Rechteck für ein Backblech oder zu 4–6 Kreisen für runde Pizzableche ausrollen. Den Teig dann entsprechend des jeweiligen Rezepts weiterverarbeiten.

// Beste Kartoffelpizza mit Thunfisch //

So geht's //
Teig
Die Kartoffeln mit der Schale in Salzwasser weich kochen. Dann die Kartoffeln abgießen, etwas abkühlen lassen und schälen. Die ausgedampften Kartoffeln anschließend durch eine Kartoffelpresse in eine Schüssel drücken, die restlichen Zutaten zufügen und alles zügig zu einem mittelfesten Kartoffelteig verkneten. Den Teig anschließend abgedeckt 15 Minuten bei Zimmertemperatur ruhen lassen.

Tomatensugo
Die Zwiebel und den Knoblauch schälen und fein würfeln. Das Olivenöl in einem Topf erhitzen und die Zwiebel- und Knoblauchwürfel darin anschwitzen. Die Tomaten zufügen und mit Salz, Pfeffer und Zucker würzen. Den Sugo mindestens 30 Minuten leicht köcheln lassen, damit die Tomaten gut zerfallen und der Sugo eine dickflüssige Konsistenz annimmt. Anschließend die Basilikumblätter abzupfen und in Streifen schneiden. Das Basilikum zum Sugo geben. Abschließend den Sugo nochmals kräftig abschmecken.

Fertigstellung
1. Den Mozzarella entweder klein schneiden oder zerpflücken. Den Thunfisch gut abtropfen lassen und zerteilen. Die Pepperoni eventuell etwas zerkleinern. Die Zwiebel in feine Ringe schneiden.
2. Den Kartoffelteig entweder zu einem Rechteck für ein Backblech oder zu 4 Kreisen für Pizzableche ausrollen. Den Teig dann mit etwas Sugo bestreichen und die restlichen Zutaten gleichmäßig verteilen.
3. Die Pizza/Pizzen dann für 15–20 Minuten in den auf mindestens 250 °C vorgeheizten Backofen (Ober-/Unterhitze, unterste Schiene) schieben.

Zum Anrichten // Die Pizza in Stücke schneiden bzw. die 4 kleinen Pizzen von den Blechen lösen und auf vorgewärmte Teller legen.

Für den Teig
700 g mehligkochende Kartoffeln
Salz
3 EL Weizenmehl, Type 405
3 EL Kartoffelstärkemehl
1 Ei
Salz

Für den Tomatensugo
1 kleine Zwiebel
1 Knoblauchzehe
5 EL gutes Olivenöl
500 g italienische Eiertomaten (aus der Dose)
Salz
frisch gemahlener schwarzer Pfeffer
Kristallzucker
2 Stängel Basilikum

Für die Fertigstellung
2 Kugeln Mozzarella
1 Dose Thunfisch (ca. 180 g; in Öl)
100 g milde Pepperoni (aus dem Glas)
1 rote Zwiebel
1 EL Kapern

Zubereitungszeit 90 Minuten

// Christians Gourmet Pizza hoch zwei //

Für den Teig
siehe S. 65 Grundrezept »Pizzateig«

Für den Tomatensugo
siehe S. 66 »Beste Kartoffelpizza mit Thunfisch«

Für die Fertigstellung
2 Kugeln Mozzarella (à 125 g)
4 EL Gorgonzola
16 Scheiben Chorizo
16 Scheiben Parmaschinken
2 EL Kapern

Für die Trüffelaioli
2 EL Mascarpone
2 EL Mayonnaise
2 EL Naturjoghurt (Fettgehalt 3,5 %)
2 EL getrocknete Trüffel (aus dem Glas)
3 EL Trüffelöl
Salz
frisch gemahlener schwarzer Pfeffer
Kristallzucker

Zum Anrichten
1 Handvoll Rucola

**Zubereitungszeit 90 Minuten
(inklusive Teig und Sugo)**

**So geht's //
Fertigstellung**
1. Entweder 1 Backblech oder 4 runde Pizzableche mit dem Pizzateig auskleiden. Den Tomatensugo daraufstreichen. Den Mozzarella entweder klein schneiden oder etwas zerpflücken. Den Gorgonzola etwas zerteilen. Alle Zutaten gleichmäßig auf dem Pizzaboden verteilen.
2. Die Pizza/Pizzen dann für 15–20 Minuten in den auf mindestens 250 °C vorgeheizten Backofen (Ober-/ Unterhitze, unterste Schiene) schieben.
3. Den dicken Teigrand der fertig gebackenen Pizzen mit einem Pizzaschneider abschneiden und in ca. 10 cm lange Stücke zerteilen. Die Teigsticks in ein Glas stecken.

Trüffelaioli
1. Alle Zutaten in einen hohen Rührbecher füllen und mit einem Stabmixer gut durchmixen.
2. Anschließend nochmals gut abschmecken.

Zum Anrichten // Die Pizzen auf vorgewärmte Teller legen und den Rucola darauf verteilen.
Die Teigsticks im Glas und die Trüffelaioli in einem separaten Schälchen zum Dippen danebenstellen.

// Weiße Lachspizza mit Mascarpone und Sardellen //

Für den Teig
siehe S. 65 Grundrezept »Pizzateig«

Für die Mascarponesauce
1 kleine Zwiebel
½ EL Butter
1 TL Weizenmehl, Type 405
½ Tasse trockener Weißwein (ca. 75 ml)
100 ml flüssige Sahne
4 EL Mascarpone
80 g Käse (z. B. Mozzarella, Edamer)
Salz
frisch gemahlener schwarzer Pfeffer

Für die Fertigstellung
1 Chilischote
150 g Räucherlachs
150 g frisches Lachsfilet
1 EL Kapern
ca. 10 Sardellen

Zum Anrichten
1 Handvoll Rucola (ca. 100 g)
1 Zitrone

**Zubereitungszeit 75 Minuten
(inklusive Teig)**

So geht's //
Mascarponesauce

Die Zwiebel schälen und sehr fein würfeln. Die Butter bei mittlerer Temperatur in einem Topf erhitzen und die Zwiebel darin leicht anschwitzen. Das Mehl unterheben und unter Rühren mit dem Wein ablöschen. Die Sahne aufgießen. Die Sauce aufkochen lassen und anschließend den Käse unterrühren. Die Sauce mit Salz und Pfeffer kräftig abschmecken. Die Sauce sollte eine dickflüssige Konsistenz haben. Falls sie zu fest ist, kann etwas Geflügel- oder Gemüsebrühe oder Wasser untergerührt werden. Die Sauce vor der Weiterverwendung vollständig erkalten lassen.

Fertigstellung

1. Entweder 1 Backblech oder 4 runde Pizzableche mit dem Pizzateig auskleiden. Die Mascarponesauce auf dem Teig verteilen. Die Chilischote entkernen und fein würfeln. Den Räucherlachs und das Lachsfilet etwas zerkleinern. Anschließend die Zutaten für den Belag gleichmäßig auf dem Pizzateig verteilen.
2. Die Pizza/Pizzen dann für 15–20 Minuten in den auf mindestens 250 °C vorgeheizten Backofen (Ober-/Unterhitze, unterste Schiene) schieben.

Zum Anrichten // Die Pizzen auf vorgewärmte Teller legen. Auf jede Pizza etwas Rucola und einige Spritzer Zitronensaft verteilen.

// Frittierte Pizza mit Fontina //

Für den Teig
siehe S. 65 Grundrezept »Pizzateig«

Für die frittierte Pizza
500 ml neutrales Pflanzenöl

Für den Tomatensugo mit Speck
1 kleine Zwiebel
1 Knoblauchzehe
200 g Pancetta oder durchwachsener
    Bauchspeck
3 EL gutes Olivenöl
500 g italienische Eiertomaten (aus der Dose)
Salz
frisch gemahlener schwarzer Pfeffer
Kristallzucker
2 Stängel Basilikum

Für die Tapenade
1 kleine Handvoll schwarzer Oliven
    (ca. 100 g, ohne Stein)
5 EL gutes Olivenöl
2 EL Parmesan, frisch gerieben
Meersalz
frisch gemahlener schwarzer Pfeffer

Für die Fertigstellung
1 Kugel Büffelmozzarella (ca. 125 g)
150 g Fontina

Zum Anrichten
etwas frisches Basilikum

**Zubereitungszeit 90 Minuten
(inklusive Teig und Sugo)**

**So geht's //
Frittierte Pizza**
Den Pizzateig dünn ausrollen und 8–16 kleine Teigkreise herstellen. Das Öl in einem Topf erhitzen (ca. 180 °C, am Stiel eines Holzkochlöffels sollten sich Blasen bilden, wenn er in das Fett getaucht wird) und die Teigkreise darin portionsweise ausbacken. Die frittierten Minipizzen auf Küchenkrepp gut abtropfen und erkalten lassen.

Tomatensugo mit Speck
Die Zwiebel und den Knoblauch schälen und fein würfeln. Den Pancetta klein schneiden. Das Olivenöl in einem Topf erhitzen und den Speck darin gut anbraten. Die Zwiebel- und Knoblauchwürfel zugeben und anschwitzen. Die Tomaten zufügen und mit Salz, Pfeffer und Zucker würzen. Den Sugo mindestens 30 Minuten leicht köcheln lassen, damit die Tomaten gut zerfallen und der Sugo eine dickflüssige Konsistenz annimmt. Anschließend die Basilikumblätter abzupfen und in Streifen schneiden. Das Basilikum zum Sugo geben. Abschließend den Sugo nochmals kräftig abschmecken.

Tapenade
Die Oliven, das Öl und den Parmesan in einem hohen Rührbecher mit einem Stabmixer fein pürieren. Die Tapenade mit Salz und Pfeffer abschmecken und beiseitestellen.

Fertigstellung
1. Den Tomatensugo und die Tapenade auf die Minipizzen streichen. Den Mozzarella und den Fontina klein schneiden und gleichmäßig auf den Pizzen verteilen.
2. Die Minipizzen für 5 Minuten in den auf 250 °C vorgeheizten Backofen (Grillstufe) schieben.

Zum Anrichten // Die Minipizzen auf vorgewärmte Teller legen. Jede Pizza mit 1–2 Basilikumblättern garnieren.

// Pizza mit vier Käsesorten und Mailänder Salami //

Für den Teig
siehe S. 65 Grundrezept »Pizzateig«

Für den Tomatensugo
siehe S. 66 »Beste Kartoffelpizza mit Thunfisch«

Für die Fertigstellung
1 Kugel Büffelmozzarella (ca. 125 g)
ca. 100 g Gorgonzola
ca. 100 g Fontina
3 EL Ricotta
1 kleine Handvoll Softaprikosen (ca. 50 g)

Für die Mailänder Salami
150 g Mailänder Salami am Stück

Zum Anrichten
1 EL geschroteter schwarzer Pfeffer
1 TL Fenchelsamen

**Zubereitungszeit 75 Minuten
(inklusive Teig und Sugo)**

**So geht's //
Fertigstellung**
1. Den Pizzateig dünn ausrollen und 8–16 kleine Teigkreise herstellen. Den Tomatensugo auf die Pizzen streichen. Den Mozzarella, den Gorgonzola und den Fontina etwas zerpflücken. Den Ricotta etwas zerteilen. Die Aprikosen fein würfeln. Alle Zutaten für den Belag gleichmäßig auf die Minipizzen verteilen.
2. Die Minipizzen auf ein Backblech legen und für 15–20 Minuten in den auf mindestens 250 °C vorgeheizten Backofen (Ober-/Unterhitze, unterste Schiene) schieben.

Mailänder Salami
Die Salami würfeln. Eine beschichtete Pfanne ohne Fettzugabe erhitzen und die Salamiwürfel darin knusprig anbraten. Die Salamiwürfel auf Küchenkrepp etwas abtropfen lassen.

Zum Anrichten // Die Pizzen auf vorgewärmte Teller legen. Auf jede Pizza die knusprigen Salamiwürfel, etwas Pfeffer und Fenchelsamen verteilen.

// Grüne Basilikumpizza mit Tomaten und Mozzarella //

Für den Basilikumpizzateig
siehe S. 65 Grundrezept »Pizzateig«
½ Bund Basilikum

Für den Tomatensugo
siehe S. 66 »Beste Kartoffelpizza mit Thunfisch«

Für die Fertigstellung
1 Handvoll vollreife, aromatische Tomaten aus
   Italien (ca. 100 g)
1 Kugel Büffelmozzarella (ca. 125 g)

Zum Anrichten
Meersalz
sehr gutes Olivenöl
einige Basilikumblättchen

**Zubereitungszeit 75 Minuten
(inklusive Teig und Sugo)**

So geht's //
Basilikumpizzateig
Die Basilikumblätter abzupfen und in einen Standmixer füllen, ca. 400 ml warmes Wasser dazugeben und alles fein mixen. Den Basilikumpizzateig herstellen wie im Grundrezept beschrieben, dabei das Basilikumwasser als Flüssigkeitszugabe benutzen.

Fertigstellung
1. Entweder 1 Backblech oder 4 runde Pizzableche mit dem Pizzateig auskleiden. Den Tomatensugo darauf streichen. Die Tomaten halbieren, den Mozzarella etwas zerpflücken. Alle Zutaten für den Belag gleichmäßig auf dem Pizzateig verteilen.
2. Die Pizzen auf einem Backblech für 15–20 Minuten in den auf mindestens 250 °C vorgeheizten Backofen (Ober-/Unterhitze, unterste Schiene) schieben.

Zum Anrichten // Die Pizzen auf vorgewärmte Teller legen. Auf jede Pizza etwas Meersalz, einige Tropfen Olivenöl und reichlich Basilikumblätter geben.

// Mein Pizzabrot mit Knoblauch und Dip //

Für den Pizzateig
siehe S. 65 Grundrezept »Pizzateig«

Für den Tomatensugo
siehe S. 66 »Beste Kartoffelpizza mit Thunfisch«

Für die Fertigstellung
2 Knoblauchzehen
¼ Bio-Zitrone
½ rote Chilischote
5 EL bestes Olivenöl
Meersalz

Für den Dip
2 EL Mascarpone
2 EL Mayonnaise
2 EL Condimento bianco
Salz
frisch gemahlener schwarzer Pfeffer
Kristallzucker

**Zubereitungszeit 75 Minuten
(inklusive Teig und Sugo)**

So geht's //
Fertigstellung
1. Entweder 1 Backblech oder 4 runde Pizzableche mit dem Pizzateig auskleiden. Den Tomatensugo daraufstreichen.
2. Den Knoblauch fein hacken und in einen Mörser geben. Das Gelbe der Zitronenschale abschälen und fein würfeln. Die Chilischote entkernen und fein würfeln. Die Zitronenschale, die Chilischote, das Olivenöl und das Salz in den Mörser geben, alles zu einer Paste zerreiben und gleichmäßig auf den Pizzen verteilen.
3. Die Pizzen auf einem Backblech für 15–20 Minuten in den auf mindestens 250 °C vorgeheizten Backofen (Ober-/Unterhitze, unterste Schiene) schieben.

Dip
Alle Zutaten für den Dip in einem Rührbecher gut vermischen und abschmecken.

Zum Anrichten // Die Pizza in handliche Streifen schneiden und anrichten. Den Dip in einem separaten Schälchen dazu reichen.

// Pizza Ciabatta mit Frischkäse und Parma-schinken //

Für den Ciabatteig
100 g Weizenmehl, Type 405
1 ¼ TL Trockenhefe
200 g Hartweizengrieß
1 TL Meersalz
3 EL Olivenöl
1 TL grobes Meersalz
¼ TL geschroteter schwarzer Pfeffer
¼ TL getrockneter Oregano

Für den Tomatensugo
siehe S. 66 »Beste Kartoffelpizza mit Thunfisch«

Für die Fertigstellung
4 EL Frischkäse
150 g Parmaschinken, aufgeschnitten

**Zubereitungszeit 90 Minuten
(inklusive Teig und Sugo)**

So geht's //
Ciabatteig

Für den Vorteig das Mehl mit ¼ TL Trockenhefe und 100 ml lauwarmem Wasser vermischen und an einem warmen, zugfreien Ort 15 Minuten gehen lassen. Anschließend den Hartweizengrieß, die restliche Hefe, das Salz, das Olivenöl und weitere 100 ml lauwarmes Wasser zum Vorteig geben und alles gut durchkneten. Den Teig 30 Minuten an einem warmen, zugfreien Ort gehen lassen. Danach den Teig zu einem Ciabatta formen und auf ein Backblech legen. Das Ciabatta mit dem groben Meersalz, dem Pfeffer und dem Oregano bestreuen. Das Brot für 40 Minuten in den auf 180 °C vorgeheizten Backofen (Ober-/Unterhitze, unterste Schiene) schieben. Das Ciabatta vor der Weiterverwendung vollständig abkühlen lassen.

Fertigstellung

1. Das Ciabatta in Scheiben aufschneiden. Den Tomatensugo daraufstreichen.
2. Den Frischkäse zerpflücken. Den Parmaschinken und den Frischkäse gleichmäßig auf den Ciabattascheiben verteilen.
3. Die Ciabatta-Pizzen auf einem Backblech für 15–20 Minuten in den auf mindestens 250 °C vorgeheizten Backofen (Ober-/Unterhitze, unterste Schiene) schieben.

Zum Anrichten // Die Ciabatta-Pizzen auf vorgewärmten Tellern servieren.

// Olivenpizza mit Scampi, Rucola und Knoblauchcreme //

Für den Pizzateig
siehe S. 65 Grundrezept »Pizzateig«

Für den Tomatensugo
siehe S. 66 »Beste Kartoffelpizza mit Thunfisch«

Für die Fertigstellung
2 Kugeln Büffelmozzarella (à 125 g)
400 g Scampi, ohne Schale und Darm
2 Handvoll grüne Oliven (ca. 200 g, ohne Stein)

Für die Knoblauchcreme
5 Stängel Petersilie
2 Knoblauchzehen
2 EL Mayonnaise
1 EL Crème fraîche
Salz
frisch gemahlener schwarzer Pfeffer

Zum Anrichten
1 Handvoll Rucola

**Zubereitungszeit 75 Minuten
(inklusive Teig und Sugo)**

**So geht's //
Fertigstellung**
1. Entweder 1 Backblech oder 4 runde Pizzableche mit dem Pizzateig auskleiden. Den Tomatensugo daraufstreichen.
2. Den Mozzarella zerpflücken. Die Scampi eventuell halbieren. Alle Zutaten für den Belag gleichmäßig auf den Pizzen verteilen.
3. Die Pizzen auf einem Backblech für 15–20 Minuten in den auf mindestens 250 °C vorgeheizten Backofen (Ober-/Unterhitze, unterste Schiene) schieben.

Knoblauchcreme
Die Petersilienblätter abzupfen und fein hacken. Den Knoblauch durch eine Presse drücken oder sehr fein hacken. Alle Zutaten für die Creme in einem Rührbecher gut vermischen und abschmecken.

Zum Anrichten // Die Pizzen auf vorgewärmte Teller legen. Den Rucola auf den Pizzen anrichten. Die Knoblauchcreme in einem separaten Schälchen dazustellen.

VERDURE

IMPRESSIONI

// Gefüllte Zucchini mit Kartoffeln und Taleggio //

Für die Tomatensauce
1 kleine Zwiebel
1 Knoblauchzehe
5 EL gutes Olivenöl
500 g italienische Eiertomaten (aus der Dose)
Salz
frisch gemahlener schwarzer Pfeffer
Kristallzucker
2 Stängel Basilikum

Für die gefüllten Zucchini
4 kleine Zucchini
1 Handvoll mehligkochende Kartoffeln
   (ca. 150 g)
1 kleine Zwiebel
1 Knoblauchzehe
1 EL Olivenöl
1 Zweig frischer Thymian
150 g Taleggio
Salz
frisch gemahlener schwarzer Pfeffer
1 EL weiche Butter

Zum Anrichten
4 Zweige Thymian

Zubereitungszeit 75 Minuten

So geht's //
Tomatensauce
Die Zwiebel und den Knoblauch schälen und fein würfeln. Das Olivenöl in einem Topf erhitzen und die Zwiebel- und Knoblauchwürfel darin anschwitzen. Die Tomaten zufügen und mit Salz, Pfeffer und Zucker würzen. Die Sauce mindestens 30 Minuten leicht köcheln lassen, damit die Tomaten gut zerfallen und die Sauce eine dickflüssige Konsistenz annimmt. Anschließend die Basilikumblätter abzupfen und in Streifen schneiden. Das Basilikum zur Sauce geben. Abschließend die Sauce nochmals abschmecken.

Gefüllte Zucchini
1. Die Zucchini putzen und waschen. Dann längs halbieren und mit einem Esslöffel aushöhlen.
2. Die Kartoffeln schälen und in Salzwasser weich kochen. Die fertig gegarten Kartoffeln abgießen und etwas ausdampfen lassen. Anschließend durch eine Kartoffelpresse in eine Schüssel drücken.
3. Die Zwiebel und die Knoblauchzehe schälen und in feine Würfel schneiden. Das Olivenöl in einer Pfanne erhitzen und die Zwiebel- und Knoblauchwürfel darin anschwitzen. Die Zwiebelmischung gut abkühlen lassen und dann zu den Kartoffeln geben. Den Thymian waschen, trocken schütteln und die Blättchen abzupfen. Die gehackten Thymianblättchen und den klein geschnittenen Taleggio zu den Kartoffeln geben. Gut vermengen, dann mit Salz und Pfeffer abschmecken.
4. Die Füllung gleichmäßig auf die Zucchinihälften verteilen. Eine ofenfeste Auflaufform mit der Butter ausstreichen und die Tomatensauce einfüllen. Die Zucchinihälften mit der Schalenseite nach unten in die Sauce setzen. Die Form für 30 Minuten in den auf 180 °C vorgeheizten Backofen (Ober-/Unterhitze, zweite Schiene von unten) einschieben.

Zum Anrichten // Je 2 Zucchinihälften auf die vorgewärmten Teller verteilen und mit einem Thymianzweig garnieren.

// Gefüllte Tomaten mit Caponata-Gemüse //

Für die gefüllten Tomaten
4 große Fleischtomaten
   (am besten Sorte »Ochsenherz«)
1 kleine Aubergine
3 Stangen Staudensellerie
1 kleine Zwiebel
2 EL Olivenöl
3 EL grüne Oliven, ohne Stein
3 EL Rosinen
2 EL Pinienkerne
3 EL heller Essig
1 EL Kristallzucker
Salz
frisch gemahlener schwarzer Pfeffer
200 g Schafskäse (Feta)
1 EL weiche Butter

Zum Anrichten
einige Pinienkerne

Zubereitungszeit 60 Minuten

**So geht's //
Gefüllte Tomaten**
1. Die Tomaten putzen und waschen. Dann den Deckel abschneiden und beiseitelegen. Mit einem kleinen Löffel die Tomate aushöhlen.
2. Die Aubergine und den Staudensellerie waschen und putzen. Die Zwiebel schälen. Die Aubergine, den Staudensellerie und die Zwiebel fein würfeln. Das Olivenöl in einer beschichteten Pfanne erhitzen und die Gemüsewürfel darin anbraten. Die grob gehackten Oliven, die Rosinen und die Pinienkerne zugeben und ebenfalls etwas anbraten. Mit dem Essig ablöschen und mit Zucker, Salz und Pfeffer würzen. Den grob zerpflückten Schafskäse zugeben, alles gut mischen und nochmals abschmecken.
3. Die Füllung gleichmäßig auf die ausgehöhlten Tomaten verteilen und die Deckel wieder aufsetzen. Die gefüllten Tomaten nebeneinander in eine leicht gebutterte ofenfeste Form setzen. Die Form für 15 Minuten in den auf 180 °C vorgeheizten Backofen (Ober-/Unterhitze, zweite Schiene von unten) einschieben.

Zum Anrichten // Die fertig gegarten Tomaten auf 4 vorgewärmte Teller verteilen. Die Deckel seitlich anstellen und die Tomaten mit einigen Pinienkernen garnieren.

// Gegrillter Treviso mit Olivencreme und Parmesanchip //

Für die Parmesannester
2 EL geröstete Pinienkerne
1 Zweig frischer Rosmarin
150 g frisch geriebener Parmesan

Für die Tapenade
siehe S. 73 »Frittierte Pizza mit Fontina«

Für den Radicchio
2 Radicchio »Rosso di Treviso precoce«
1 EL Butter oder Olivenöl
1 TL Kristallzucker
Salz
frisch gemahlener schwarzer Pfeffer

Zum Anrichten
4 schwarze Oliven
einige Pinienkerne

Zubereitungszeit 45 Minuten

**So geht's //
Parmesannester**

Die Pinienkerne ohne Fettzugabe in einer beschichteten Pfanne kurz rösten und anschließend fein hacken. Den Rosmarin waschen, trocknen und die einzelnen Nadeln abzupfen. Den geriebenen Parmesan mit den fein gehackten Rosmarinnadeln und den Pinienkernen vermischen. Ein Backblech mit Backpapier auslegen und 4 gleichmäßige Kreise (ca. 12 cm Durchmesser) daraufstreuen. Das Backblech für ca. 10 Minuten in den auf 170 °C vorgeheizten Backofen (Ober-/Unterhitze, zweite Schiene von unten) schieben. Anschließend das Backblech aus dem Ofen nehmen und die etwas abgekühlten, aber noch elastischen (Vorsicht Verbrennungsgefahr!) Parmesanscheiben mit einer Backpalette jeweils über eine umgedrehte Tasse legen und die Ränder leicht nach unten biegen, sodass Nester entstehen. Den Parmesan vollständig abkühlen lassen und dann von den Tassen entfernen.

Radicchio

Den Radicchio putzen und vierteln. Den Strunk entfernen. Die Butter (oder das Öl) in einer beschichteten Pfanne bei mittlerer Temperatur erhitzen und den Radicchio kurz von allen Seiten darin anbraten. Den Radicchio mit Zucker, Salz und Pfeffer gut abschmecken. Die Salatviertel aus der Pfanne heben und auf Küchenkrepp kurz abtropfen lassen.

Zum Anrichten // Die Parmesannester auf 4 Teller verteilen und mit den Salatvierteln füllen. Die Tapenade auf dem Radicchio anrichten. Das Gericht mit einer Olive und einigen Pinienkernen garnieren.

// Balsamico-Linsen mit gebackenem Mozzarella //

Für die Balsamico-Linsen
150 g kleine, dunkle Linsen (z. B. Beluga- oder Puy-Linsen)
5 EL Aceto balsamico
2 EL Crema di balsamico
½ TL Kristallzucker
½ rote Chili, gewürfelt
Salz
frisch gemahlener schwarzer Pfeffer
5 EL Olivenöl
2 Stängel Basilikum

Für den gebackenen Mozzarella
2 Kugeln Mozzarella (à 125 g)
Salz
frisch gemahlener schwarzer Pfeffer
2 EL Weizenmehl
2 Eier
4 EL gemahlene Mandeln
neutrales Pflanzenöl zum Ausbacken

Zum Anrichten
4 EL rotes Pesto (siehe S. 58 »Linguine in roter Pestosauce«)

Zubereitungszeit 60 Minuten

So geht's //
Balsamico-Linsen
1. Die Linsen entsprechend der Packungsanweisung ca. 20–25 Minuten kochen. Anschließend die Linsen abgießen und in eine Schüssel leeren.
2. Für das Dressing den Aceto balsamico, die Crema di balsamico, den Zucker, die Chiliwürfel, das Salz und den Pfeffer gut verrühren. Das Olivenöl unter Rühren in einem feinen Strahl einlaufen lassen. Das Basilikum waschen und trocken schütteln. Die Basilikumblätter abzupfen, in feine Steifen schneiden und in das Dressing rühren. Das Dressing über die Linsen gießen und beides vermischen. Die Balsamico-Linsen einige Zeit durchziehen lassen.

Gebackener Mozzarella
1. Die Mozzarellakugeln gut abtropfen lassen. Den Käse anschließend in Würfel (ca. 1,5 cm Kantenlänge) schneiden. Die Käsewürfel mit Salz und Pfeffer würzen und in Mehl wenden. Danach durch die verquirlten Eier ziehen und abschließend in den Mandeln wälzen.
2. Das Öl erhitzen (ca. 180 °C, am Stiel eines Holzkochlöffels sollten sich Blasen bilden, wenn er in das Fett getaucht wird) und die panierten Mozzarellawürfel portionsweise ca. 1 Minute ausbacken.

Zum Anrichten // Die Balsamico-Linsen auf 4 Teller verteilen. Die Mozzarellawürfel danebenlegen. Das Pesto um die Linsen herum anrichten.

// Tramezzini-Piccata mit Pilzragout //

Für das Tramezzini-Piccata
1 kleine Handvoll getrockneter Tomaten
   (ca. 80 g)
4 EL frisch geriebener Parmesan
2 EL Pinienkerne
1 EL Condimento bianco
1 EL Tomatenmark
Salz
frisch gemahlener schwarzer Pfeffer
Kristallzucker
9 EL Olivenöl
4 große Scheiben Tramezzini (ersatzweise
   Toastbrot)
2–3 Eier

Für das Pilzragout
2 Handvoll Pilze (ca. 200 g; z. B. Champignons,
   Pfifferlinge, Shiitake)
1 kleine Zwiebel
2 EL Butter
½ Tasse trockener Weißwein (ca. 75 ml)
1 Tasse flüssige Sahne (ca. 150 ml)
Salz
frisch gemahlener schwarzer Pfeffer
frisch gepresster Saft von 1 Zitrone
1 EL frische Kräuter (z. B. glatte Petersilie)

Zum Anrichten
2 EL Schnittlauchröllchen

Zubereitungszeit 45 Minuten

96

So geht's //
Tramezzini-Piccata
Die Tomaten grob hacken und zusammen mit 2 EL Parmesan, den Pinienkernen, dem Essig und dem Tomatenmark in einen hohen Rührbecher füllen und mit einem Stabmixer pürieren. Das Pesto mit Zucker, Salz und Pfeffer würzen und unter Rühren 4 EL Öl einlaufen lassen. Die Tramezzini halbieren und die Brothälften mit dem Pesto bestreichen. Anschließend die Hälften zusammenklappen. Die Eier mit dem restlichen (2 EL) Parmesan aufschlagen. Das restliche Öl (5 EL) in einer Pfanne erhitzen. Die Tramezzini in der Ei-Käse-Mischung wenden und sofort im heißen Fett ausbacken, bis sie auf beiden Seiten goldgelb sind. Die Tramezzini aus dem Fett nehmen und auf Küchenkrepp abtropfen lassen.

Pilzragout
Die Pilze putzen und je nach Größe etwas zerkleinern. Die Zwiebel schälen und fein würfeln. Die Butter bei mittlerer Temperatur erhitzen und die Zwiebelwürfel darin anschwitzen. Die Pilze zugeben und gut anbraten. Mit dem Weißwein ablöschen und diesen etwas einkochen lassen. Die Sahne aufgießen und das Ragout aufkochen lassen. Das Ragout mit Salz, Pfeffer und etwas Zitronensaft würzen. Vor dem Servieren die frischen Kräuter unterrühren.

Zum Anrichten // Das Pilzragout auf 4 vorgewärmten Tellern anrichten und das Tramezzini-Piccata darauflegen. Mit den Schnittlauchröllchen garnieren.

// Gorgonzola-Gnocchi mit Kopf-salat-Creme //

Für die Gnocchi
800 g mehlige Kartoffeln
2 Zweige frischer Majoran
2 Handvoll Weizenmehl, Type 405 (ca. 80 g,
    plus etwas zum Bearbeiten)
2 EL Stärkemehl
1 Ei
Salz
frisch gemahlener schwarzer Pfeffer

Für die Sauce
2 EL Butter
2 EL Pinienkerne
3 EL Gorgonzola

Für die Kopfsalatcreme
1 Kopfsalat
1 kleine Zwiebel
1 EL Butter
2 EL Crème fraîche
3 EL Mascarpone
½ Chilischote
Salz
frisch gemahlener schwarzer Pfeffer
etwas frisch gepresster Zitronensaft

Zubereitungszeit 60 Minuten

So geht's //
Gnocchi
1. Die geschälten Kartoffeln in Salzwasser weich kochen, dann abgießen und etwas ausdampfen lassen. Anschließend durch eine Kartoffelpresse in eine Schüssel drücken und erkalten lassen. Den Majoran waschen und gut trocken schütteln. Dann die Blättchen abzupfen und fein hacken. Die Kartoffeln zusammen mit den restlichen Zutaten zu einem elastischen Teig verarbeiten. Aus dem Teig anschließend auf einer bemehlten Arbeitsfläche etwa fingerdicke Rollen formen. Davon etwa 3 cm breite Stücke abschneiden und diese mit der Rückseite einer Gabel leicht eindrücken.
2. Einen großen Topf mit reichlich Wasser zum Kochen bringen, kräftig salzen und die Gnocchi darin bei reduzierter Hitze ca. 3–4 Minuten gar ziehen lassen. Die Gnocchi mit einem Schaumlöffel aus dem Wasser nehmen und in einem Sieb abtropfen lassen.

Sauce
In einer beschichteten Pfanne die Butter bei mittlerer Temperatur erhitzen und die Pinienkerne darin einige Male durchschwenken. Die Gnocchi zugeben und ebenfalls gut schwenken. Den zerpflückten Gorgonzola darübergeben und nochmals schwenken.

Kopfsalatcreme
1. Den Kopfsalat putzen, zerpflücken, waschen und gut trocknen. Die Zwiebel in sehr feine Würfel schneiden. Die Butter bei mittlerer Temperatur in einer beschichteten Pfanne erhitzen und die Zwiebelwürfel darin anbraten.
2. Den Kopfsalat zugeben und etwas anbraten. Dann die restlichen Zutaten zugeben. Den gesamten Pfanneninhalt in einen Standmixer umfüllen und gut aufmixen. Die Creme mit Salz, Pfeffer und Zitronensaft abschmecken.

Zum Anrichten // Die Gnocchi auf 4 vorgewärmte Teller verteilen. Die Kopfsalatcreme darauf anrichten.

// Spinatrisotto mit Ricotta und gebackenen Eiern //

Für den Spinatrisotto
1 Zwiebel
2 Knoblauchzehen
2 Stangen Staudensellerie
2 EL Olivenöl
200 g Risottoreis (z. B. Arborio)
1 Glas trockener Weißwein (ca. 100 ml)
1 Glas Vermouth (ca. 100 ml)
500 ml kräftige Brühe (z. B. Rind, Geflügel, Gemüse)
1 EL Butter
1 Handvoll Parmesan (ca. 100 g)
3 EL Ricotta
1 Handvoll grüner Spinat (ca. 50 g)

Für die gebackenen Eier
5 Eier
Salz
frisch gemahlener schwarzer Pfeffer
Cayennepfeffer
4 EL Weizenmehl
4 EL Paniermehl
200 ml Keimöl

Zubereitungszeit 45 Minuten

So geht's //
Spinatrisotto
Die Zwiebel und den Knoblauch schälen und fein würfeln. Den Staudensellerie ebenfalls fein würfeln. Das Olivenöl in einem Topf erhitzen und die Gemüsewürfel darin gut anschwitzen. Den Reis zugeben und ebenfalls gut anschwitzen. Mit dem Wein und dem Vermouth ablöschen und diesen einkochen lassen. Anschließend unter stetigem Rühren portionsweise die heiße Brühe zugeben. Nach ca. 10 Minuten die Butter, den geriebenen Parmesan, den Ricotta und den geputzten Spinat unterrühren. Noch einige Minuten unter Rühren weiterköcheln lassen.

Gebackene Eier
4 Eier in kochendem Wasser oder mit einem Eierkocher hart kochen (ca. 5 Minuten). Die Eier abkühlen, schälen und in Scheiben (ca. 0,5 cm dick) schneiden. Das restliche Ei gut verquirlen. Die Eischeiben mit Salz, Pfeffer und Cayennepfeffer würzen und anschließend vorsichtig im Mehl wenden. Danach durch das verquirlte Ei ziehen und dann im Paniermehl wenden. Das Öl in einem Topf erhitzen (ca. 180 °C, am Stiel eines Holzkochlöffels sollten sich Blasen bilden, wenn er in das Fett getaucht wird) und die panierten Eischeiben portionsweise ca. 1 Minute ausbacken. Die fertigen Eischeiben aus dem Fett nehmen und auf Küchenkrepp abtropfen lassen.

Zum Anrichten // Den Spinatrisotto auf 4 vorgewärmte Teller verteilen und die gebackenen Eier darauf anrichten.

Für 2

// Omelett mit gebratenem Fenchel und Feigen //

Für das Omelett
6 Bio-Eier
2 EL frisch gehackte Kräuter
    (z. B. glatte Petersilie, Schnittlauch)
2 EL frisch geriebener Parmesan
½ Chili, gewürfelt
1 Bio-Zitrone
Salz
frisch gemahlener schwarzer Pfeffer
1–2 reife Feigen
1 Fenchelknolle
1 EL Butter
1 TL Kristallzucker
etwas Meersalz
einige Spritzer gutes Olivenöl

Zum Anrichten
1 Handvoll Rucola (ca. 50 g)

Zubereitungszeit 30 Minuten

So geht's //
Omelett
1. Die Eier in eine Schüssel aufschlagen und zusammen mit den Kräutern, dem Parmesan, den Chiliwürfeln, etwas Zitronenabrieb, Salz und Pfeffer gut verquirlen.
2. Die Feigen waschen, putzen und in Spalten schneiden. Den Fenchel waschen, putzen und fein würfeln. Die Butter bei mittlerer Temperatur in einer beschichteten Pfanne erhitzen und den Zucker leicht karamellisieren lassen. Die Feigenspalten und die Fenchelwürfel zugeben und einige Minuten gut durchschwenken. Die Eimischung darübergießen und alles zusammen zu einem Omelett braten. Vor dem Servieren etwas Meersalz über das Omelett streuen und das Olivenöl darüberträufeln.

Zum Anrichten // Das Omelett halbieren und auf 2 vorgewärmten Tellern anrichten. Mit etwas Rucola garnieren.

// Lauwarmes Fenchelgemüse mit Bulgur //

Für das Fenchelgemüse
2 Fenchelknollen
Salz
frisch gemahlener schwarzer Pfeffer
2 Knoblauchzehen
3 EL Olivenöl
4 getrocknete Tomaten
2 EL geschälte Mandelkerne
½ TL Kristallzucker
2 EL Condimento balsamico bianco

Für den Bulgur
200 ml Gemüsebrühe
1 Handvoll Bulgur (ca. 100 g)
100 g Pecorino
2 EL frisch gehackte Kräuter
   (z. B. Petersilie, Koriander)
Salz
frisch gemahlener schwarzer Pfeffer

Zum Anrichten
einige Kräuterblättchen (z. B. Petersilie)

Zubereitungszeit 30 Minuten

So geht's //
Fenchelgemüse
Den Fenchel in dünne Scheiben schneiden und leicht mit Salz und Pfeffer würzen. Den Knoblauch in feine Scheiben schneiden. In einer beschichteten Pfanne bei mittlerer Temperatur das Olivenöl erhitzen und die Fenchelscheiben zusammen mit den Knoblauchscheiben langsam braten, bis sie die gewünschte Konsistenz haben. Die Tomaten grob hacken und zusammen mit den Mandeln zum Fenchel in die Pfanne geben. Alles zusammen nochmals gut anbraten. Anschließend mit Salz, Pfeffer, Zucker und dem Balsamico würzen.

Bulgur
1. Die Gemüsebrühe in einem Topf zum Kochen bringen und dann den Bulgur unterrühren. Den Topf vom Herd ziehen und den Bulgur zugedeckt ca. 10 Minuten quellen lassen.
2. Den Käse fein reiben und zusammen mit den Kräutern unter den Bulgur rühren. Den Bulgur mit Salz und Pfeffer abschmecken.

Zum Anrichten // Das Fenchelgemüse auf 2 vorgewärmte Teller verteilen und daneben das lauwarme Antipastigemüse anrichten. Mit den Kräuterblättchen garnieren. Den Bulgur in einer separaten Schale anrichten.

PESCE

IMPRESSIONI

// Ofenlachs Siciliana mit Pilzen //

Für die Pilze
1 Handvoll Austernpilze (ca. 100 g)
3 EL Olivenöl
Salz
frisch gemahlener schwarzer Pfeffer

Für den Ofenlachs
700 g Lachsfilet ohne Haut und Gräten
1 Kugel Büffelmozzarella (ca. 125 g)
3 Stangen Staudensellerie
10 Kirschtomaten
5 EL pürierte Tomaten (aus der Dose)
4 EL grünes Pesto (aus dem Glas)
2 EL Kapern
2 Stangen Zimt
1 Zweig Thymian
1 Zweig Rosmarin
Salz
frisch gemahlener schwarzer Pfeffer
Saft von 1 Zitrone
5 EL gutes Olivenöl

Zum Anrichten
ofenfrisches Brot

Zubereitungszeit 45 Minuten

So geht's //
Pilze
Die Pilze putzen und in mundgerechte Stücke schneiden. Das Öl in einer beschichteten Pfanne erhitzen und die Pilze darin anbraten. Mit Salz und Pfeffer würzen und anschließend beiseitestellen.

Ofenlachs
1. Das Lachsfilet waschen, trocknen und in 4 Tranchen schneiden. Die Tranchen auf ein Backblech legen. Den Mozzarella etwas zerpflücken, den Staudensellerie putzen und in Scheiben schneiden. Den Mozzarella, den Sellerie und die Kirschtomaten zusammen mit den pürierten Tomaten, dem Pesto und den Kapern auf dem Backblech verteilen. Die Zimtstangen halbieren und zusammen mit den Kräutern dazwischen stecken. Mit Salz und Pfeffer würzen und das Olivenöl sowie den Zitronensaft darüberträufeln. Die beiseitegestellten Pilze ebenfalls auf dem Blech verteilen.
2. Das Backblech für 20 Minuten in den auf 170 °C vorgeheizten Backofen (Ober-/Unterhitze, zweite Schiene von unten) schieben.

Zum Anrichten // Die Lachsfilets auf die vorgewärmten Teller verteilen und das mitgegarte Gemüse daneben anrichten. Das Brot dazu reichen.

// Sommerfisch- päckchen mit Rucolasauce //

Für die Rucolasauce
1 Handvoll Rucola (ca. 100 g)
2 EL Pinienkerne
3 EL frisch geriebener Parmesan
8 EL Olivenöl
Salz
frisch gemahlener schwarzer Pfeffer
1 EL heller Essig

Für die Fischpäckchen
500 g Kirschtomaten
2 Knoblauchzehen
1 EL Butter
½ TL Kristallzucker
5 EL süße Chilisauce
Salz
frisch gemahlener schwarzer Pfeffer
4 Blatt Kochpergament (ca. DIN A4)
4 Fischfilets ohne Haut und Gräten
    (à 180 g; z. B. Lachs, Zander, Barsch)

Zum Anrichten
Ciabatta

Zubereitungszeit 45 Minuten

So geht's //
Rucolasauce
Den Rucola waschen, trocknen und etwas zerkleinern. Den Rucola zusammen mit den Pinienkernen und dem Parmesan in einen hohen Rührbecher füllen und mit einem Stabmixer zerkleinern. Unter stetigem Mixen das Öl einlaufen lassen bis eine sämige Sauce entstanden ist. Die Rucolasauce mit Salz, Pfeffer und dem Essig würzen.

Fischpäckchen
1. Die Tomaten waschen und halbieren. Den Knoblauch schälen und fein hacken. Die Butter in einer beschichteten Pfanne bei mittlerer Temperatur aufschäumen und die Tomaten sowie den Knoblauch zufügen. Den Zucker dazugeben und alles leicht karamellisieren. Die Chilisauce unterrühren und mit Salz und Pfeffer würzen. Die Tomaten abkühlen lassen.
2. Die Pergamentblätter auf der Arbeitsplatte ausbreiten, dabei die Ränder etwas nach oben biegen. Jeweils ein mit Salz und Pfeffer leicht gewürztes Fischfilet und 2 EL Tomatengemüse daraufsetzen. Über jedes Fischfilet 1 EL Rucolasauce träufeln. Anschließend die Päckchen sehr fest verschließen und auf ein Backblech stellen. Das Backblech für 15 Minuten in den auf 200 °C vorgeheizten Backofen (Ober-/Unterhitze, zweite Schiene von unten) schieben.

Zum Anrichten // Die Päckchen auf die vorgewärmten Teller stellen und etwas öffnen. Eventuell frisches, knuspriges Ciabatta dazu servieren.

113

// Lachsspieße mit Zitronenkartoffeln //

Für die Lachsspieße
600 g Lachsfilet ohne Haut und Gräten
1 Kugel Scamorza
12 Scheiben roher Schinken (z. B. Parmaschinken)
12 getrocknete Tomaten
12 Salbeiblätter
8 Spieße
2 EL Oliventapenade (siehe S. 73 »Frittierte Pizza mit Fontina« oder aus dem Glas)
2 EL Olivenöl
1 rote Chilischote
Salz
frisch gemahlener schwarzer Pfeffer

Für die Zitronenkartoffeln
700 g kleine festkochende Kartoffeln
Salz
5 EL Olivenöl
1 Bio-Zitrone
1 Knoblauchzehe
Salz
frisch gemahlener schwarzer Pfeffer
3 Stängel glatte Petersilie

Zum Anrichten
einige Petersilienblätter

Zubereitungszeit 60 Minuten

So geht's //
Lachsspieße

1. Das Lachsfilet und den Käse in Würfel schneiden. Den Schinken und die Tomaten halbieren.
2. Alle Zutaten gleichmäßig auf die Spieße verteilen. Die fertigen Spieße auf ein Backblech legen.
3. Die Oliventapenade, das Olivenöl und die entkernte und etwas gehackte Chilischote in einen hohen Rührbecher geben und mit einem Stabmixer pürieren. Mit Salz und Pfeffer würzen. Die Marinade über die Spieße träufeln. Das Backblech dann für 10–20 Minuten in den auf 200 °C vorgeheizten Backofen (Ober-/Unterhitze, zweite Schiene von unten) schieben.

Zitronenkartoffeln

Die Kartoffeln ungeschält in Salzwasser weich kochen, anschließend abgießen, etwas abkühlen lassen und schälen. Die Pellkartoffeln in Ecken schneiden. Das Öl in einer beschichteten Pfanne erhitzen und die Kartoffelecken darin langsam braten. Die Knoblauchzehe schälen und halbieren, die Schale der Zitrone abreiben und den Saft auspressen. Alles zu den Kartoffeln in die Pfanne geben. Mit Salz und Pfeffer würzen. Die Petersilienblätter abzupfen, fein schneiden und vor dem Servieren unter die Kartoffeln mischen.

Zum Anrichten // Je 2 Lachsspieße auf vorgewärmten Tellern anrichten und die Zitronenkartoffeln daneben verteilen. Mit den Petersilienblättern garnieren.

// Gegrilltes Fischfilet mit Kartoffelpüree Toskana //

Für das Kartoffelpüree Toskana
600 g mehligkochende Kartoffeln
Salz
3 getrocknete Tomaten
6 schwarze Oliven, ohne Stein
2 EL frisch geriebener Parmesan
200 ml Milch
100 ml gutes Olivenöl
Salz
frisch gemahlener schwarzer Pfeffer
3 Stängel glatte Petersilie

Für die Fischfilets
4 Fischfilets mit Haut und ohne Gräten
    (à ca. 180 g; z. B. Lachs oder Zander)
Salz
½ TL geschroteter schwarzer Pfeffer

Zum Anrichten
etwas Rucola
2 EL gutes Olivenöl

Zubereitungszeit 45 Minuten

So geht's //
Kartoffelpüree Toskana
Die Kartoffeln schälen, gegebenenfalls vierteln und in Salzwasser weich kochen. Die fertig gegarten Kartoffeln abgießen, etwas ausdampfen lassen und dann durch eine Kartoffelpresse in eine Rührschüssel drücken. Die Tomaten und die Oliven klein hacken und zusammen mit dem Parmesan zu den Kartoffeln geben. Die Milch und das Olivenöl zusammen erhitzen und unter Rühren zu den Kartoffeln geben. Das Püree mit Salz und Pfeffer würzen. Die Petersilienblätter abzupfen, klein hacken und unter das Püree mischen.

Fischfilets
Die Fischfilets waschen und trocken tupfen. Eine ofenfeste Grillpfanne erhitzen und die Filets mit der Hautseite nach unten grillen. Die Filets mit Salz sowie Pfeffer würzen und bis zum Anrichten im auf 80 °C vorgeheizten Backofen (Ober-/Unterhitze, zweite Schiene von unten) nachgaren.

Zum Anrichten // Auf jedem Teller ein Fischfilet auf etwas Rucola legen und mit je ½ EL Olivenöl beträufeln. Das Kartoffelpüree Toskana daneben anrichten.

// Fischfilet mit Parmaschinken und Fregola Sarda //

Für die Fischfilets

½ Bund glatte Petersilie (alternativ Basilikum
    oder Kerbel)

2 EL grober Senf

3 EL frisch geriebener Parmesan

2 EL kleine Kapern

1 EL weiche Butter

Meersalz

frisch gemahlener schwarzer Pfeffer

12 Scheiben Parmaschinken

4 Fischfilets ohne Haut und Gräten
    (à 170 g; z. B. Forelle, Saibling, Zander)

2 EL gutes Olivenöl

Zum Anrichten

Fregola Sarda (siehe S. 42 »Fregola Sarda mit
    Parmaschinken und Taleggio«)

**Zubereitungszeit 45 Minuten
(inklusive Fregola Sarda)**

**So geht's //
Fischfilets**

1. Die Petersilienblätter abzupfen und fein hacken. Die gehackte Petersilie, den Senf, den Parmesan, die Kapern sowie die Butter zu einer Paste verrühren und mit Salz und Pfeffer abschmecken.

2. Je drei Scheiben Parmaschinken überlappend flächig auf der Arbeitsfläche ausbreiten und je ein Filet darauf platzieren. Die Gewürzpaste gleichmäßig auf den Filets verteilen. Dann den Parmaschinken seitlich über die Filets klappen. Anschließend die Schinkenscheiben von unten nach oben aufwickeln, sodass ein kompaktes Röllchen entsteht. Das Olivenöl in einer beschichteten Pfanne bei mittlerer Temperatur erhitzen und die Röllchen anfangs mit der Verschlussseite nach unten langsam pro Seite ca. 3 Minuten braten.

Zum Anrichten // Auf jeden vorgewärmten Teller ein Fischröllchen legen und die Fregola Sarda daneben anrichten.

// Fischfilet in mediterraner Kruste mit Aprikosenpesto //

Für das Aprikosenpesto
1 Handvoll getrocknete Softaprikosen
2 EL Pinienkerne
3 EL frisch geriebener Parmesan
1 EL heller Essig
8 EL Olivenöl
Salz
frisch gemahlener schwarzer Pfeffer
Kristallzucker

Für die Fischfilets
600 g Fischfilet ohne Haut und Gräten
   (z. B. Saibling, Zander, Lachs)
Salz
frisch gemahlener schwarzer Pfeffer
1 Knoblauchzehe
3 EL frisch geriebene, geschälte Mandeln
3 EL frisch geriebener Parmesan
2 EL weiche Butter

**Zubereitungszeit 30 Minuten
(45 Minuten mit Kartoffeln)**

**So geht's //
Aprikosenpesto**
Die Aprikosen grob zerkleinern und zusammen mit den Pinienkernen, dem Parmesan und dem Essig in einen hohen Rührbecher füllen. Mit einem Stabmixer alles fein zerkleinern und dann unter Rühren das Olivenöl einlaufen lassen. Mit Salz, Pfeffer und Zucker würzen. Falls die Konsistenz des Pestos zu fest ist, kann etwas Wasser untergerührt werden.

Fischfilets
Das Fischfilet in 4 Tranchen schneiden und leicht mit Salz und Pfeffer würzen. Den Knoblauch durch eine Presse in eine kleine Schüssel drücken und zusammen mit den Mandeln, dem Parmesan und der Butter zu einer Paste verrühren. Die Paste auf die Filets streichen. Die Fischfilets auf das mit Alufolie belegte Backofengitter legen und ca. 10 Minuten im auf 200 °C vorgeheizten Backofen (Grillstufe) goldgelb grillen.

Zum Anrichten // Die Fischfilets auf die vorgewärmten Teller verteilen und mit dem Aprikosenpesto bestreichen.
Dazu können ein gemischter Salat oder Zitronenkartoffeln (siehe S. 114 »Lachsspieße mit Zitronenkartoffeln«) gereicht werden.

// Gegrillte Scampi mit Limoncello-Mayonnaise //

Für die Limoncello-Mayonnaise
1 Eigelb
½ EL Condimento bianco
1 Knoblauchzehe
1 Tasse Pflanzen- oder Olivenöl (ca. 150 ml)
Salz
frisch gemahlener schwarzer Pfeffer
Kristallzucker
3 EL Limoncello

Für die Scampi
ca. 800 g Scampi mit Schale und ohne Kopf
   (TK oder frisch)
Salz
1 Chilischote
3 EL Olivenöl
1 Bio-Zitrone

Zubereitungszeit 30 Minuten

So geht's //
Limoncello-Mayonnaise
Das Eigelb, den Essig und die geviertelte Knoblauchzehe in einen hohen Rührbecher füllen und mit einem Stabmixer pürieren. Unter stetigem Weitermixen das Olivenöl in einem feinen Strahl einlaufen lassen. Die Mayonnaise mit Salz, Pfeffer und Zucker würzen und abschließend den Limoncello unterrühren. Abschließend nochmals abschmecken.

Scampi
Die Scampi leicht salzen und entweder ohne Fettzugabe in einer Grillpfanne grillen oder mit etwas Olivenöl in einer Pfanne braten. Die Chilischote entkernen, sehr fein würfeln und zu den Scampi geben. Die Schale der Zitrone abreiben und den Saft auspressen. Die Scampi zum Schluss mit dem Zitronenabrieb und -saft würzen.

Zum Anrichten // Die Scampi auf die vorgewärmten Teller verteilen. Die Limoncello-Mayonnaise in einem separaten Schälchen zum Dippen reichen. Dazu passen sehr gut ein gemischter Blattsalat und knuspriges Ciabatta.

Für 4

// Muscheln in cremiger Knoblauch- sauce //

Für die Muscheln
1,5 kg Miesmuscheln
2 Knoblauchzehen
100 g Karotten
100 g Knollensellerie
2 EL Olivenöl
200 ml trockener Weißwein
200 ml flüssige Sahne
2 Lorbeerblätter
½ TL mildes Currypulver
1 Msp. Chilipulver
Saft von 1 Zitrone
Meersalz
frisch gemahlener schwarzer Pfeffer
Kristallzucker

Zubereitungszeit 45 Minuten

So geht's //
Muscheln
1. Die Muscheln mehrmals gut wässern, damit sie eventuell vorhandenen Sand abgeben. Alle Muscheln, die beschädigt oder bereits geöffnet sind, aussortieren und Barthaare abschneiden.
2. Den Knoblauch schälen und fein hacken. Die Karotte und den Sellerie schälen und fein würfeln. Das Olivenöl in einem großen Topf erhitzen und das Gemüse und den Knoblauch darin anschwitzen. Die Muscheln zufügen und alles mehrmals gut durchrühren. Mit dem Wein ablöschen. Einen Deckel auf den Topf legen und die Muscheln 3 Minuten garen. Anschließend alle Muscheln aussortieren, die sich nicht geöffnet haben. Dann die Sahne aufgießen und die Lorbeerblätter, das Curry- sowie das Chilipulver zufügen. Die Muscheln noch weitere 10 Minuten köcheln lassen. Abschließend die Sauce mit Zitronensaft, Salz, Pfeffer und Zucker abschmecken.

Zum Anrichten // Die Muscheln auf vorgewärmte tiefe Teller verteilen und mit der Sauce übergießen. Dazu passt sehr gut frisches, knuspriges Ciabatta.

// Mein gegrillter Thunfisch mit Jakobs- muscheln //

Für den Thunfisch
4 Scheiben Thunfisch (à ca. 170 g)
Salz
etwas Olivenöl
8 große Jakobsmuscheln (frisch, TK oder in
   Lake)

Für den Radicchio
1 Kopf Radicchio
1 Knoblauchzehe
5 EL gutes Olivenöl
1 EL Kapern
1 Spritzer Zitronensaft
Salz
frisch gemahlener schwarzer Pfeffer
Kristallzucker
4 Stängel glatte Petersilie

Zum Anrichten
Kartoffelpüree Toskana (siehe S. 117 »Gegrilltes
   Fischfilet mit Kartoffelpüree Toskana«)

Zubereitungszeit 30 Minuten

So geht's //
Thunfisch
Den Thunfisch mit Salz würzen und mit etwas Oliven-öl in einer Grillpfanne auf beiden Seiten kurz grillen. Die Thunfischtranchen anschließend im auf 80 °C vor-geheizten Backofen (Ober-/Unterhitze) warm halten. Die Jakobsmuscheln ebenfalls etwas salzen und in der gleichen Grillpfanne kurz grillen, sodass sie innen noch glasig bleiben.

Radicchio
Den Radicchio waschen, trocknen und in Streifen schneiden. Die Knoblauchzehe schälen und durch eine Presse in eine kleine Schale drücken. Das Olivenöl, die Kapern und den Zitronensaft zufügen und alles sehr gut verrühren. Mit Salz, Pfeffer und Zucker würzen. Die Petersilienblätter abzupfen, fein hacken und unter die Marinade mischen. Die Radicchiostreifen mit der Marinade vermengen.

Zum Anrichten // Auf jeden Teller eine Thunfisch-tranche und 2 Jakobsmuscheln legen. Das Kartoffel-püree und den Radicchio daneben anrichten.

CARNE

IMPRESSIONI

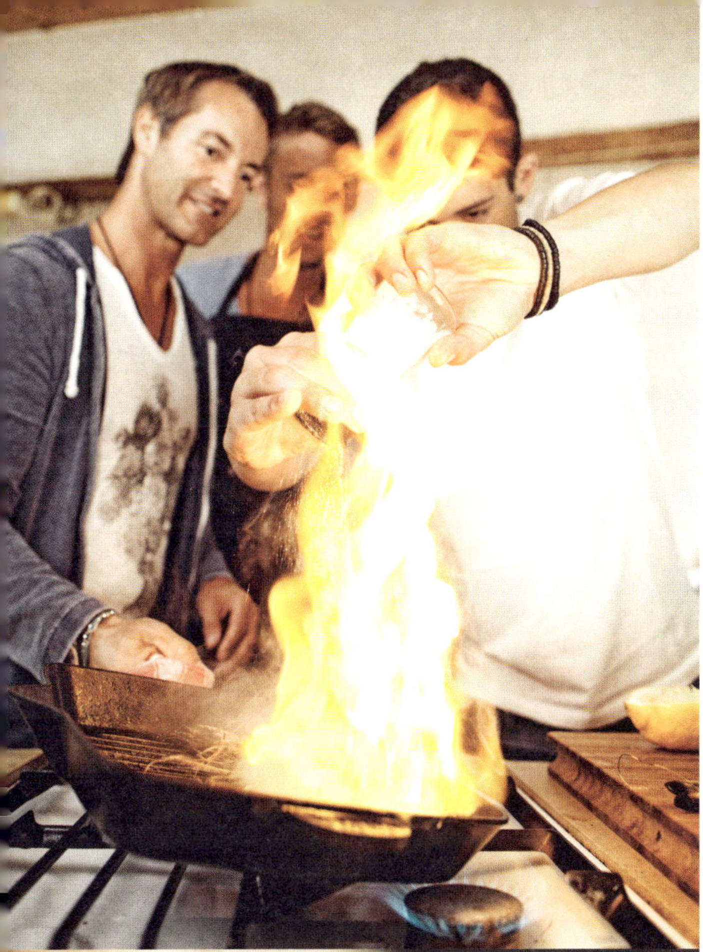
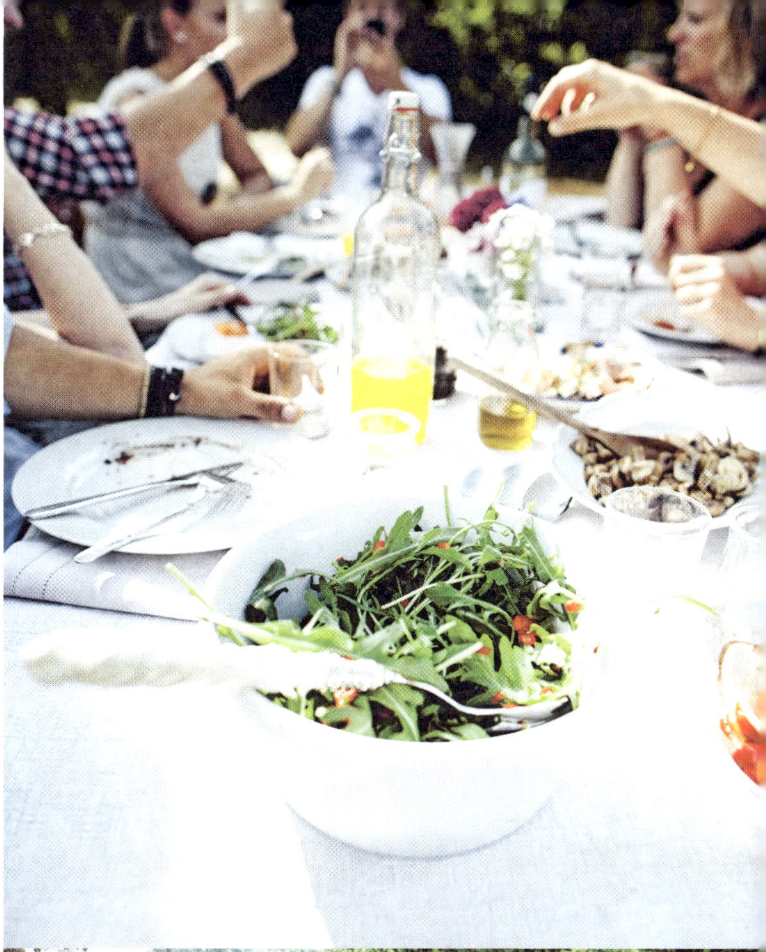
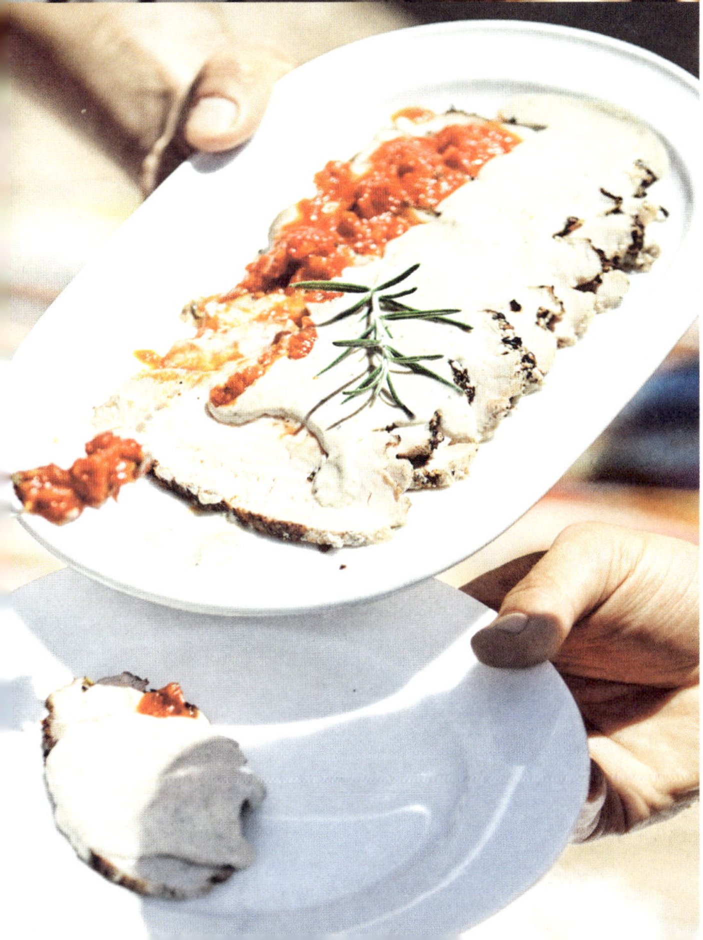
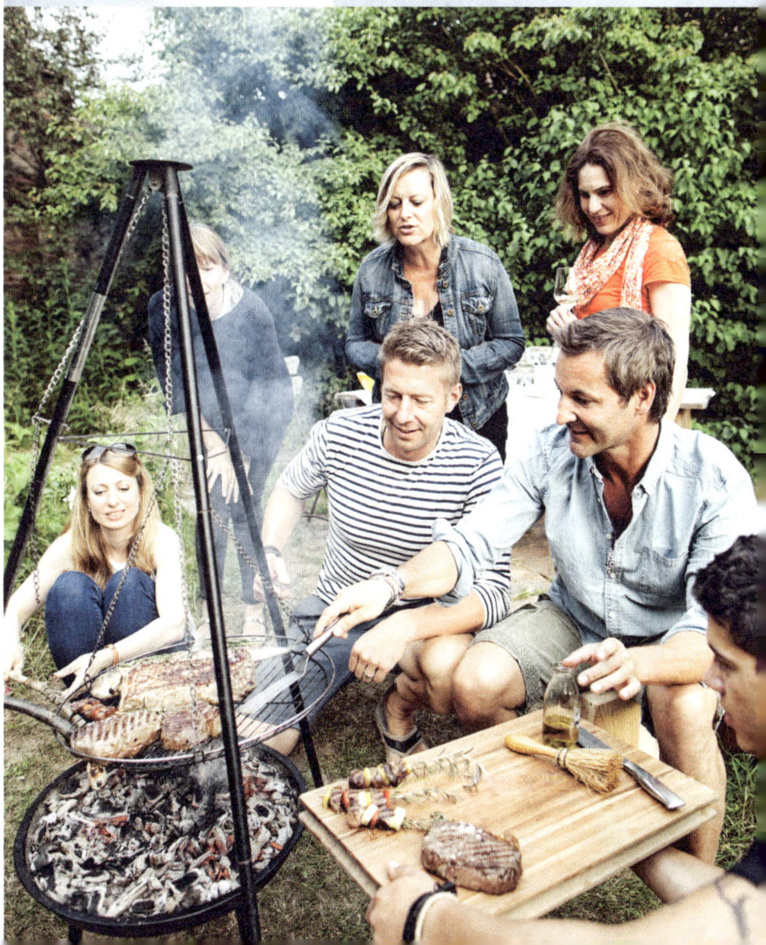

// Salsicciaspieße mit Speck und Kräutern //

Für die Salsicciaspieße

4 große italienische Salsicce oder rohe
    Schweinsbratwürste
400 g Schweinefilet
4 dicke Scheiben Pancetta oder durchwachsener
    Bauchspeck
1 Kugel Scamorza
1 Handvoll getrocknete Tomaten (ca. 100 g)
16 Salbeiblätter
16 Holzspieße
1 Bio-Zitrone
1 Chilischote
1 Knoblauchzehe
1 Zweig frischer Rosmarin
8 EL Olivenöl optional neutrales Pflanzenöl zum
    Braten

**Zubereitungszeit 30 Minuten
(plus Marinierzeit)**

So geht's //
Salsicciaspieße

1. Die Salsicce, das Filet, den Speck und den Scamorza in mundgerechte Stücke schneiden. Die Tomaten evtl. halbieren. Alle Zutaten sowie die Salbeiblätter abwechselnd und gleichmäßig auf die Spieße stecken.
2. Die Schale der Zitrone abreiben und den Saft auspressen. Die Chilischote entkernen und fein würfeln. Die Knoblauchzehe schälen und fein hacken. Die Rosmarinnadeln abzupfen und ebenfalls fein hacken. Aus dem Zitronenabrieb, dem Zitronensaft, den Chili- sowie Knoblauchwürfeln und dem Rosmarin mit dem Olivenöl eine Marinade mischen. Die Spieße nebeneinander in eine flache Schüssel legen und mit der Marinade übergießen. Die Schüssel gut mit Frischhaltefolie abdecken und die Spieße über Nacht im Kühlschrank marinieren.
3. Danach die Spieße entweder grillen oder in einer Pfanne etwas Öl erhitzen und die Spieße darin braten.

Zum Anrichten // Je 4 Spieße auf den vorgewärmten Tellern anrichten.
Als Beilagen können dazu Bulgur und ein gemischter Salat gereicht werden, siehe Rezept »Lauwarmes Fenchelgemüse mit Bulgur« Seite 104.

MEIN TIPP // Sollen die Spieße gegrillt werden, empfiehlt es sich, die Holzspieße vor der Verwendung gut zu wässern.

// Geschmortes Barolohähnchen //

Für das Barolohähnchen

2 Knoblauchzehen
1 Bio-Zitrone
1 Zweig frischer Rosmarin
1 TL edelsüßes Paprikapulver
5 EL Olivenöl
Salz
frisch gemahlener schwarzer Pfeffer
1 Hähnchen bester Qualität (ca. 1–1,5 kg)
100 g Karotten
100 g Knollensellerie
100 g Zwiebel
2 EL neutrales Pflanzenöl
½ Flasche Barolo
500 g italienische Eiertomaten (aus der Dose)
2 EL Kapern
6 Sardellenfilets
80 g schwarze Oliven (ohne Stein)

Für das Kartoffelpüree

500 g mehligkochende Kartoffeln
100 ml Milch
2 EL Butter
Salz
frisch geriebene Muskatnuss

Zum Anrichten

4 schwarze Oliven

**Zubereitungszeit 2 Stunden
(plus Marinierzeit)**

So geht's //
Barolohähnchen

1. Die Knoblauchzehen schälen und fein hacken. Die Zitronenschale abreiben und den Saft auspressen. Die Rosmarinnadeln abzupfen und fein hacken. Den Knoblauch, den Zitronenabrieb sowie den -saft, den Rosmarin und das Paprikapulver mit dem Olivenöl zu einer Marinade verrühren. Mit Salz und Pfeffer würzen.
2. Das Hähnchen waschen, trocknen und die Haut entfernen. Das Hähnchen in 8 Stücke zerteilen. Die Hähnchenteile mit der Marinade bepinseln und in eine Schüssel schichten. Die restliche Marinade darübergießen. Die Schüssel mit Frischhaltefolie abdecken. Die Hähnchenteile über Nacht im Kühlschrank marinieren.
3. Die Karotten, den Knollensellerie und die Zwiebel würfeln. Die Hähnchenteile aus der Marinade nehmen und mit Salz und Pfeffer würzen. Das Öl in einem ofenfesten Bräter erhitzen, die Hähnchenteile gut anbraten und aus dem Bräter nehmen. Die Gemüsewürfel im Bratfett anbraten, mit dem Wein ablöschen und diesen etwas einkochen. Mit den Tomaten aufgießen. Die restlichen Zutaten und die Hähnchenteile in den Bräter legen. Den Bräter für ca. 90 Minuten in den auf 180 °C vorgeheizten Backofen (Ober-/Unterhitze, zweite Schiene von unten) schieben. Die garen Hähnchenteile aus dem Bräter nehmen und warm stellen. Die Sauce auf dem Herd etwas einkochen und abschmecken.

Kartoffelpüree

Die Kartoffeln schälen und in Salzwasser weich kochen. Die Kartoffeln abgießen, ausdampfen lassen und dann durch eine Kartoffelpresse drücken. Die Milch erhitzen und die Butter darin schmelzen. Das Butter-Milch-Gemisch zu den Kartoffeln gießen und ein cremiges Püree rühren. Mit Salz und Muskatnuss gut abschmecken.

Zum Anrichten // Je 2 Hähnchenteile auf den vorgewärmten Tellern anrichten und mit reichlich Sauce übergießen. Daneben einen Klecks Püree setzen und diesen mit einer Olive garnieren.

// Schweine-kotelett mit mediterranen Bratkartoffeln //

Für die mediterranen Bratkartoffeln
ca. 700 g festkochende Kartoffeln
150 g Pancetta oder durchwachsener Bauch-
    speck, gewürfelt
10 schwarze Oliven
2 EL Pinienkerne
5 getrocknete Tomaten
2 Knoblauchzehen, gepresst
½ TL Meersalz
frisch gemahlener schwarzer Pfeffer
1 Zweig Rosmarin
6 EL Olivenöl

Für die Schweinekoteletts
4 Schweinekoteletts (à ca. 180 – 200 g)
Salz
frisch gemahlener schwarzer Pfeffer
2 EL neutrales Pflanzenöl
1 Zweig Rosmarin
1 Knoblauchzehe

Zum Anrichten
1 kleine Handvoll Rucola (ca. 50 g)

Zubereitungszeit 60 Minuten

So geht's //
Mediterrane Bratkartoffeln
1. Die Kartoffeln mit Schale in Salzwasser weich kochen, abgießen, etwas ausdampfen lassen und dann schälen. Die ausgekühlten Kartoffeln in Ecken schneiden und zusammen mit dem gewürfelten Speck, den Pinienkernen und den etwas gehackten Tomaten auf ein Backblech legen.
2. Den Knoblauch durch eine Presse in eine kleine Schüssel drücken. Die Rosmarinnadeln abzupfen, fein hacken und zum Knoblauch geben. Mit Salz und Pfeffer würzen, das Olivenöl darübergießen und alles zu einer Marinade verrühren. Diese über die Kartoffeln verteilen. Alle Zutaten gut durchmischen und für 30 Minuten in den auf 180 °C vorgeheizten Backofen (Ober-/Unterhitze, dritte Schiene von unten) schieben. Währenddessen die Kartoffeln gelegentlich wenden.

Schweinekoteletts
1. Das Fleisch mit Salz und Pfeffer würzen. Das Öl in einer Pfanne erhitzen und die Koteletts darin von beiden Seiten scharf anbraten. Die Hitze dann reduzieren und den Knoblauch und den Rosmarin zufügen. Wenn die Koteletts fast fertig sind, die Pfanne vom Herd ziehen und die Koteletts noch etwas ruhen lassen.
2. Alternativ können die Schweinekoteletts auch auf dem Holzkohlegrill zubereitet werden. Dazu werden sie etwa eine Stunde vor dem Grillen in etwas Olivenöl mit Knoblauch und Rosmarin mariniert. Die Marinade dann unmittelbar vor dem Grillen etwas abstreifen und das Fleisch auf den Grillrost legen. Das Fleisch langsam bis zum gewünschten Garpunkt grillen.

Zum Anrichten // Die Koteletts auf die vorgewärmten Teller verteilen. Den Rucola waschen, trocknen und leicht hacken. Den gehackten Rucola unter die Bratkartoffeln mischen und dann neben den Koteletts anrichten.

// Meine Tagliata mit Trüffelaioli //

Für die Tagliata
2 Rumpsteaks (à 300 g; mit Fettmantel)
Salz
frisch gemahlener schwarzer Pfeffer
2 EL neutrales Pflanzenöl
500 g aromatische Tomaten
2 rote Zwiebeln
10 Sardellen
2 EL Kapern
1 Chilischote
Saft von 1 Zitrone
5 EL gutes Olivenöl
Kristallzucker
1 große Handvoll Rucola (ca. 100 g)
150 g Parmesan

Für die Trüffelaioli
2 EL Mascarpone
2 EL Mayonnaise
1 EL Trüffel, gehackt
2 EL Trüffelöl
Salz
frisch gemahlener schwarzer Pfeffer
etwas heller Essig

Für den frittierten Knoblauch
siehe S. 50 »Pasta mit
    Tomaten-Rotwein-Sauce«

Zubereitungszeit 30 Minuten

So geht's //
Tagliata
1. Den Fettrand der Rumpsteaks etwas einschneiden und das Fleisch mit Salz und Pfeffer würzen. Das Öl in einer ofenfesten Pfanne erhitzen und die Rumpsteaks auf jeder Seite ca. 2 Minuten scharf anbraten. Anschließend die Pfanne für ca. 10 Minuten in den auf 100 °C vorgeheizten Backofen (Ober-/Unterhitze, zweite Schiene von unten) schieben und das Fleisch gar ziehen lassen.
2. Die Tomaten je nach Größe halbieren oder vierteln. Die Zwiebeln schälen und würfeln. Die Sardellen und die Kapern etwas hacken. Die Chilischote entkernen und fein würfeln. Alle Zutaten in eine große Schüssel füllen. Aus dem Zitronensaft, dem Olivenöl, Zucker, Salz und Pfeffer eine Marinade rühren und diese über dem Salat verteilen. Den Rucola dazugeben und alles vermischen.

Trüffelaioli
Alle Zutaten in einen hohen Rührbecher füllen und mit einem Stabmixer gut vermischen. Anschließend nochmals abschmecken.

Zum Anrichten // Das Fleisch schräg in Scheiben schneiden. Den Salat auf den Tellern anrichten und die Fleischscheiben darauf verteilen. Den Parmesan mit einem Sparschäler fein hobeln und zusammen mit den Knoblauchscheiben über der Tagliata verteilen. Die Trüffelaioli in einem separaten Schälchen dazu reichen oder daneben anrichten.
Als Beilage empfiehlt sich hier ein frisches, knuspriges Ciabatta.

// Hähnchen- saltimbocca mit Zitronen- kartoffeln //

Für die Hähnchensaltimboccas
2 große oder 4 kleine Hähnchenbrustfilets
    (zusammen ca. 600 g)
16 Scheiben Schinken (am besten Parma-
    schinken)
16 Salbeiblätter
3 EL Butter
Salz
frisch gemahlener schwarzer Pfeffer

Für die Zitronenkartoffeln
700 g kleine, festkochende Kartoffeln
1 EL Butter
5 Knoblauchzehen
½ Bio-Zitrone
Salz
frisch gemahlener Pfeffer

Zum Anrichten
Salbeiblätter

Zubereitungszeit 45 Minuten

So geht's //
Hähnchensaltimboccas
Die Hähnchenbrustfilets in ca. 2 cm dicke Scheiben (ca. 16 Scheiben) schneiden. Auf jede Fleischscheibe ein Salbeiblatt legen und dann mit einer Scheibe Schinken umwickeln. Die Butter bei mittlerer Temperatur in einer beschichteten Pfanne erhitzen. Die Fleischpäckchen mit Salz (Vorsicht falls der Schinken schon etwas salzig ist) und Pfeffer würzen und in der Butter braten. Anschließend die Hähnchensaltimboccas auf einen ofenfesten Teller legen und im auf 80 °C vorgeheizten Backofen (Ober-/Unterhitze) warm halten.

Zitronenkartoffeln
Die Kartoffeln ungeschält in Salzwasser weich kochen, anschließend abgießen, etwas abkühlen lassen und schälen. Die Pellkartoffeln in Ecken schneiden und mit der Butter in der Pfanne, in der das Fleisch gebraten wurde, anbraten. Die Knoblauchzehen schälen und halbieren, die Zitrone in Scheiben schneiden. Beides zu den Kartoffeln in die Pfanne geben. Mit Salz und Pfeffer würzen. Vor dem Servieren die Hähnchensaltimboccas zu den Kartoffeln in die Pfanne geben und alles zusammen nochmals gut durchschwenken.

Zum Anrichten // Die Hähnchensaltimboccas mit den Zitronenkartoffeln auf die vorgewärmten Teller verteilen und mit den Salbeiblättern garnieren.

Für 4

// Involtini
mit Pilzen am
Spieß //

Für die Involtini
Ca. 600 g dünn geschnittene Kalbsschnitzel
    (Oberschale oder Rücken, evtl. auch Schwein
    oder Geflügel)
Frischhaltefolie
Salz
frisch gemahlener schwarzer Pfeffer
2 Kugeln Büffelmozzarella (à 125 g)
16 Basilikumblätter
16 Scheiben Schinken (evtl. Parmaschinken)
1 Handvoll kleine Champignons (ca. 100 g)
4 EL Olivenöl
16 Holzspieße

Für die Sauce
1 Zwiebel
2 Knoblauchzehen
1 Tasse Vermouth (ca. 150 ml)
1 Tasse trockener Weißwein (ca. 150 ml)
300 g Tomatenpüree (aus der Dose)
½ TL Kristallzucker
2 EL getrocknete Kräuter (z. B. Kerbel)

Zum Anrichten
evtl. Penne

Zubereitungszeit 45 Minuten

So geht's //
Involtini
Das Fleisch in 16 kleine Schnitzel zerteilen. Von der Frischhaltefolie 16 Rechtecke abtrennen, die jeweils etwas größer als die Schnitzel sind. Die Folienrechtecke auf der Arbeitsplatte ausbreiten und je ein Schnitzel darauf verteilen. Mit Salz und Pfeffer würzen. Den Mozzarella in 16 Scheiben schneiden. Jede Fleischscheibe mit je einem Basilikumblatt, einer Scheibe Schinken und einer Mozzarellascheibe belegen. Anschließend die Fleischscheiben mit Hilfe der Frischhaltefolie zu kompakten Involtini aufrollen. Je ein Involtino und 1–2 Champignons auf einen Spieß stecken. Das Olivenöl in einer ofenfesten Pfanne erhitzen und die Spieße portionsweise darin braten. Die Involtini bis zum Anrichten im auf 80 °C vorgeheizten Backofen (Ober-/Unterhitze) warm halten.

Sauce
Die Zwiebel und den Knoblauch schälen, fein würfeln und im Bratfett der Involtini anschwitzen. Mit dem Vermouth und dem Wein ablöschen und die Flüssigkeit etwas einkochen lassen. Mit den Tomaten aufgießen und die Sauce 15 Minuten offen köcheln lassen. Zum Schluss die Sauce mit Salz, Pfeffer, Zucker und den Kräutern abschmecken.

Zum Anrichten // Je 4 Involtinispieße auf die vorgewärmten Teller legen. Die Sauce daneben anrichten.
Als Beilage passen al dente gekochte Penne dazu.

// Kalbfleisch-ragout mit Estragon und Trauben //

Für das Kalbfleischragout
800 g Kalbfleisch (aus der Schulter oder dem Nacken)
1 Zwiebel
2 EL neutrales Pflanzenöl
150 ml Vin Santo
300 g Tomaten (aus der Dose)
1 EL scharfer Senf
Salz
frisch gemahlener schwarzer Pfeffer
4 Stängel Estragon

Für die karamellisierten Trauben
200 g helle kernlose Trauben
2 EL Butter
1 EL Kristallzucker

Zubereitungszeit 45 Minuten

So geht's //
Kalbfleischragout
Das Kalbfleisch in Würfel schneiden. Die Zwiebel schälen und fein würfeln. Das Öl in einem Topf erhitzen und das Fleisch und die Zwiebelwürfel gut anbraten. Mit dem Vin Santo ablöschen und diesen etwas einkochen lassen. Dann mit den Tomaten aufgießen. Mit Salz, Pfeffer und dem Senf würzen und etwa 30 Minuten leicht köcheln lassen. Die Estragonblätter abzupfen und fein hacken. Abschließend den Estragon zum Ragout geben und nochmals abschmecken.

Karamellisierte Trauben
Die Trauben eventuell halbieren und gegebenenfalls entkernen. In einer beschichteten Pfanne die Butter bei mittlerer Temperatur erhitzen, den Zucker darin unter ständigem Rühren schmelzen und goldbraun werden lassen. Die Trauben in die Pfanne geben und gut durchschwenken.

Zum Anrichten // Die Trauben unter das Ragout mischen und dann auf die vorgewärmten Teller verteilen. Als Beilage können hier noch z. B. al dente gekochte Tagliatelle gereicht werden.

// Hähnchen-Piccata mit Gorgonzola-Speck-Sauce //

Für die Hähnchen-Piccata
4 Hähnchenbrustfilets (à ca. 150 g)
Salz
frisch gemahlener schwarzer Pfeffer
4 EL Weizenmehl, Type 405
3 Eier
100 g Parmesan
3 EL Olivenöl
1 EL Butter

Für die Gorgonzola-Speck-Sauce
150 g Pancetta oder geräucherter Bauchspeck
1 kleine Zwiebel
1 Knoblauchzehe
1 TL Weizenmehl, Type 405
½ Tasse trockener Weißwein (ca. 75 ml)
½ Tasse flüssige Sahne (ca. 75 ml)
3 EL Gorgonzola
Salz
frisch gemahlener schwarzer Pfeffer

Zum Anrichten
350 g Spaghetti

Zubereitungszeit 45 Minuten

So geht's //
Hähnchen-Piccata
1. Die Hähnchenbrustfilets entweder leicht flach klopfen oder mit einem Schmetterlingsschnitt zuschneiden und mit Salz und Pfeffer würzen. Das Mehl, die verquirlten Eier und den fein geriebenen Parmesan getrennt in flache Schalen füllen und die Hähnchenbrustfilets erst im Mehl wenden, dann durch die Eier ziehen und abschließend gut mit dem Parmesan umhüllen.
2. Das Olivenöl und die Butter in einer beschichteten Pfanne bei mittlerer Temperatur erhitzen und die Hähnchen-Piccata langsam goldbraun ausbacken.

Gorgonzola-Speck-Sauce
Den Speck, die Zwiebel und den Knoblauch fein würfeln. Die Speckwürfel in einer Pfanne anbraten. Dann die Zwiebel- und Knoblauchwürfel zugeben und diese ebenfalls anbraten. Das Mehl zugeben und gut unterrühren. Mit dem Wein ablöschen und gut verrühren, damit sich keine Mehlklumpen bilden. Dann die Sahne aufgießen und die Sauce aufkochen. Danach den Gorgonzola unterrühren und mit Salz und Pfeffer abschmecken.

Zum Anrichten // Die Hähnchen-Piccata auf die vorgewärmten Teller verteilen. Die al dente gekochten Spaghetti und die Gorgonzola-Speck-Sauce daneben anrichten.

147

// Schweinefilet mit Zitrone und Tomaten-Auberginen-Gemüse //

Für das Tomaten-Auberginen-Gemüse
2–3 Auberginen
3 Schalotten
2 Knoblauchzehen
1 Zweig Thymian
1 Bio-Zitrone
Salz
frisch gemahlener schwarzer Pfeffer
6 EL Olivenöl
5 getrocknete Tomaten
10 schwarze Oliven, ohne Stein

Für das Schweinefilet
ca. 600 g Schweinefilet
Salz
frisch gemahlener schwarzer Pfeffer
1 EL Butter
1 EL Olivenöl
2 EL Weizenmehl, Type 405
1 Bio-Zitrone

Zubereitungszeit 45 Minuten

So geht's //
Tomaten-Auberginen-Gemüse
1. Die Auberginen waschen und putzen. Die Auberginen anschließend halbieren und die Schnittfläche mehrmals mit einem spitzen Messer einritzen. Die Hälften mit der Schnittfläche nach oben auf ein Backblech legen. Die Schalotten und die Knoblauchzehen schälen, halbieren und auf dem Backblech verteilen. Mit dem Thymian, etwas Abrieb der Zitronenschale, Salz und Pfeffer würzen und das Olivenöl darüber verteilen. Das Backblech für 30 Minuten in den auf 160 °C vorgeheizten Backofen (Ober-/Unterhitze, zweite Schiene von unten) schieben. Anschließend die Auberginen etwas abkühlen lassen und dann vorsichtig mit einem Löffel das weich gegarte Innere der Auberginen auslöffeln und in einen hohen Rührbecher geben. Die restlichen Zutaten vom Backblech ebenfalls in den Rührbecher umfüllen. Mit einem Stabmixer ein feines Püree herstellen.
2. Die Tomaten und die Oliven würfeln und unter das Püree mischen.

Schweinefilet
Das Schweinefilet zu Medaillons schneiden und mit Salz und Pfeffer würzen. Die Butter und das Öl in einer Pfanne bei mittlerer Temperatur erhitzen. Die Medaillons leicht mehlieren und in der Pfanne braten. Die Zitrone in Scheiben schneiden, zum Fleisch in die Pfanne legen und mitbraten.

Zum Anrichten // Das Tomaten-Auberginen-Gemüse auf die vorgewärmten Teller verteilen. Die Medaillons daneben anrichten und mit den Zitronenscheiben garnieren.

DOLCI

CHIAPELLA

IMPRESSIONI

// Mandel-Tiramisu //

Für den Teig
4 Eiweiß
130 g Kristallzucker
80 g gemahlene Mandeln
60 g Weizenmehl, Type 405
1 EL Butter
1 EL Kakaopulver

Für die Creme
2 Eier
3 EL Kristallzucker
2 Päckchen Vanillezucker
400 g Mascarpone
4 EL Amaretto
4 EL Sambuca

Für die Fertigstellung
2 Tassen starker Espresso

Zum Anrichten
Kakaopulver
optional einige Beeren der Saison

**Zubereitungszeit 45 Minuten
(plus Kühlzeit)**

So geht's //
Teig

Die Eiweiße mit dem Zucker steif schlagen und die fein gemahlenen Mandeln und das Mehl unterheben. Eine rechteckige Form mit hohem Rand mit Butter ausstreichen und die Hälfte des Teigs einfüllen. Unter den restlichen Teig den Kakao mischen und diesen ebenfalls in die Form geben. Mit einer Gabel die beiden Teige etwas vermischen. Die Form für 15 Minuten in den auf 180 °C vorgeheizten Backofen (Ober-/Unterhitze, zweite Schiene von unten) schieben. Den Kuchenboden anschließend vollständig abkühlen lassen.

Creme

Die Eier trennen. Die Eigelbe mit dem Zucker und dem Vanillezucker schaumig schlagen. Den Mascarpone, den Amaretto und den Sambuca gut unterrühren. Die Eiweiße steif schlagen und unter die Creme ziehen.

Fertigstellung

Den Kuchenboden mit dem Espresso tränken und die Creme gleichmäßig darauf verteilen. Die Form gut mit Klarsichtfolie abdecken und die Tiramisu einige Stunden im Kühlschrank kühlen.

Zum Anrichten // Die Tiramisu dick mit Kakaopulver bestäuben, in 4–6 Teile schneiden und auf den Tellern anrichten. Optional mit den Beeren garnieren.

// Stracciatella-Creme mit Himbeeren //

Für die Stracciatella-Creme
2 Vanilleschoten
4 Eigelb
200 g Kristallzucker
500 ml Vollmilch
7 Blatt weiße Gelatine
3 EL Himbeergeist
500 ml flüssige Sahne
100 g Schokoraspel

Für die Himbeeren
100 ml trockener Rotwein
100 ml roter Portwein
1 EL Kartoffelstärkemehl
2 EL Kristallzucker
1 Bio-Zitrone
400 g Himbeeren

Zum Anrichten
einige Himbeeren
einige Minzeblätter

**Zubereitungszeit 45 Minuten
(plus Kühlzeit)**

So geht's //
Stracciatella-Creme

Das Mark aus den Vanilleschoten kratzen und in eine Rührschüssel geben. Die Eigelbe mit dem Vanillemark und dem Zucker schaumig schlagen. Die Milch erwärmen und die Eimasse in die warme Milch rühren. Die Eiermilch über einem Wasserbad cremig aufschlagen (»zur Rose abziehen«). Die Gelatineblätter 5 Minuten in kaltem Wasser einweichen und anschließend gut ausdrücken. Den Himbeergeist leicht erwärmen und die Gelatine darin auflösen. Dann die Gelatine unter die Creme rühren. Die Sahne steif schlagen und zusammen mit den Schokoraspel unter die Creme ziehen. Die Stracciatella-Creme in hohe Dessertgläser gießen, dabei die Gläser nur jeweils bis etwa zur Hälfte füllen. Die Gläser in den Kühlschrank stellen.

Himbeeren

Den Wein und den Portwein in einem Topf mischen. Die Kartoffelstärke, den Zucker und den Abrieb der Zitrone unterrühren und alles zusammen aufkochen. Anschließend die Weinmischung abkühlen lassen. Die Himbeeren putzen und in die Weinmischung rühren. Die Himbeeren auf die Creme gießen und bis zur Verwendung kühlen.

Zum Anrichten // Die Dessertgläser mit einigen Himbeeren und Minzeblättern garnieren.

// Panna cotta mit Lavendel und Pistazien //

Für die Panna cotta
1 Vanilleschote
400 ml flüssige Sahne
3 EL Kristallzucker
1 EL Lavendelblüten
4 Blatt weiße Gelatine
100 g Mascarpone

Für die karamellisierten Pistazien
2 EL flüssiger Lavendelhonig
3 EL Pistazienkerne

Zum Anrichten
einige Lavendelblüten

**Zubereitungszeit 30 Minuten
(plus Kühlzeit)**

So geht's //
Panna cotta
Die Vanilleschote auskratzen und das Mark und die Schote zusammen mit der Sahne, dem Zucker und den Lavendelblüten aufkochen. Die Sahne vom Herd nehmen und 10 Minuten ziehen lassen. Anschließend durch ein feines Sieb gießen. Die Gelatine 5 Minuten in kaltem Wasser einweichen, gut ausdrücken und dann unter die noch heiße Sahne rühren. Anschließend den Mascarpone unter die Sahne rühren und die Panna cotta in Dessertgläser gießen. Die Gläser in den Kühlschrank stellen.

Karamellisierte Pistazien
Den Lavendelhonig bei mittlerer Temperatur in einer beschichteten Pfanne leicht karamellisieren lassen und die Pistazienkerne darin gut durchschwenken.

Zum Anrichten // Die Dessertgläser mit den karamellisierten Pistazien und den Lavendelblüten garnieren.

// Schokoladen-kuchen mit Amaretto-sahne //

Für den Schokoladenkuchen
160 g Vollmilchschokolade
5 Eier
180 g Butter, etwas mehr für die Springform
150 g Kristallzucker
1 Vanilleschote
150 g Pistazien (oder Mandeln), gemahlen
1 Msp. Zimtpulver
1 Msp. Salz
1 EL Weizenmehl, Type 405

Für die Amarettosahne
1 Vanilleschote
200 ml flüssige Sahne
2 Päckchen Vanillezucker
4 EL Amaretto

Zum Anrichten
optional Beeren der Saison

Zubereitungszeit 45 Minuten

**So geht's //
Schokoladenkuchen**
Die Schokolade zerkleinern, in einer Schüssel über einem Wasserbad langsam schmelzen und vor der Weiterverwendung etwas abkühlen lassen. Die Eier trennen. Die Butter mit dem Zucker schaumig schlagen und nacheinander die Eigelbe unterrühren. Die flüssige Schokolade unter Rühren langsam in den Teig laufen lassen. Die Vanilleschote auskratzen und das Mark zum Teig geben. Die gemahlenen Pistazien zusammen mit dem Zimt und dem Salz in den Teig rühren. Die Eiweiße steif schlagen und unter den Teig heben. Eine Springform (Ø ca. 20 cm) mit Butter ausstreichen und mit Mehl bestäuben. Den Teig in die Form füllen und glatt streichen. Den Schokoladenkuchen für 20 Minuten im auf 180 °C vorgeheizten Backofen (Ober-/Unterhitze, zweite Schiene von unten) backen. Den Kuchen aus dem Ofen holen und etwas abkühlen lassen.

Amarettosahne
Das Mark der Vanilleschote auskratzen und in einen hohen Rührbecher geben. Die Sahne dazugießen und zusammen mit dem Vanillezucker halbsteif schlagen. Zum Schluss den Amaretto unterrühren.

Zum Anrichten // Den lauwarmen Kuchen auf die Teller verteilen und mit einem Klecks Sahne servieren. Optional kann der Kuchen noch mit einigen Beeren garniert werden.

// Geeister Espresso mit Milchschaum //

Für den geeisten Espresso
2 Tassen starken doppelten Espresso
250 ml flüssige Sahne
2 EL geschrotete Kaffeebohnen
2 Eiweiß
100 g Kristallzucker
1 EL Vanillezucker
3 Eigelb

Für den Milchschaum
200 ml Vollmilch
1 TL Puderzucker

Zum Anrichten
1 TL Kakaopulver

**Zubereitungszeit 30 Minuten
(plus mindestens 2 Stunden Gefrierzeit)**

So geht's //
Geeister Espresso
Den Espresso, 150 ml Sahne und die Kaffeebohnen in einen Topf geben und aufkochen. Den Topf vom Herd stellen und die Kaffeesahne 10 Minuten durchziehen lassen. Anschließend die Kaffeesahne durch ein feines Sieb gießen. Die restliche Sahne und die Eiweiße in getrennten Rührschüsseln steif schlagen. Die Kaffee-sahne mit dem Zucker, dem Vanillezucker und den Eigelben verrühren und über einem Wasserbad schau-mig aufschlagen, bis das Eigelb bindet. Anschließend erst die geschlagene Sahne und dann das steife Eiweiß unterheben. Die Masse auf 10 Espressotassen verteilen und diese mindestens 2 Stunden in den Gefrierschrank stellen.

Milchschaum
Die Milch mit dem Puderzucker in einen hohen Rührbecher gießen und mit einem Stabmixer kräftig aufschäumen.

Zum Anrichten // Auf jede Espressotasse eine Haube aus Milchschaum setzen und mit etwas Kakaopulver bestäuben.

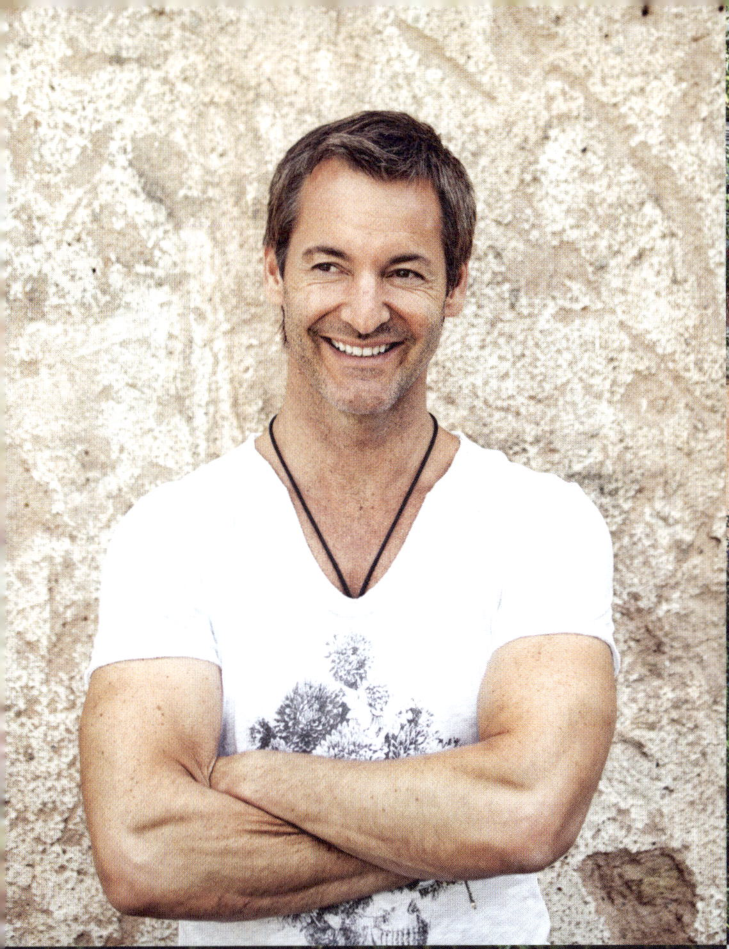

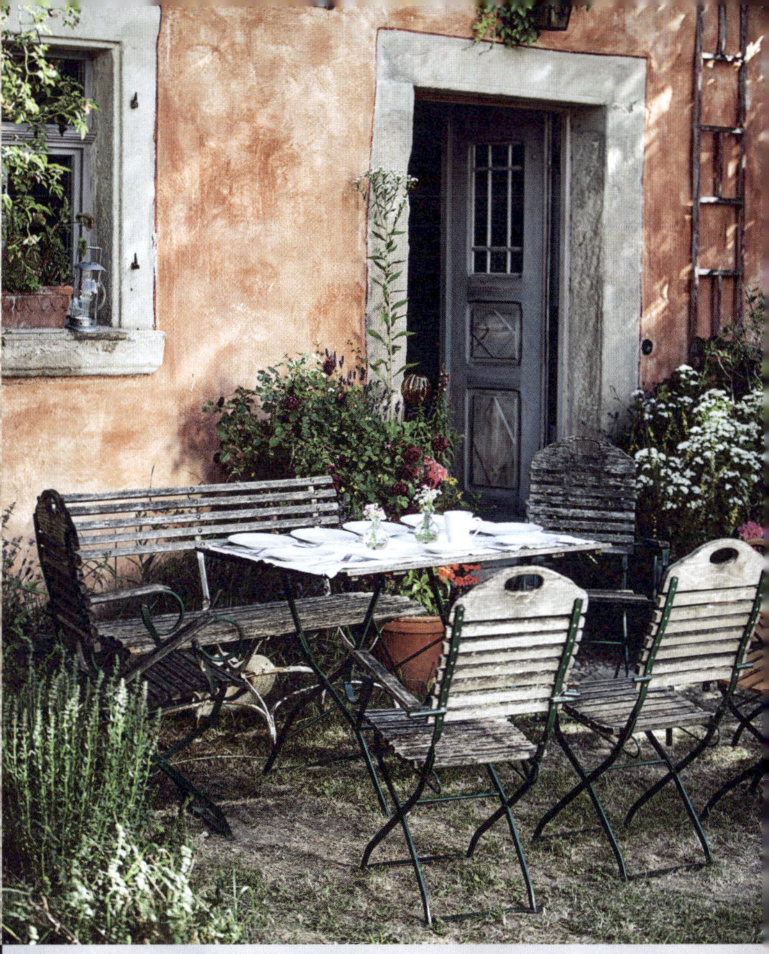

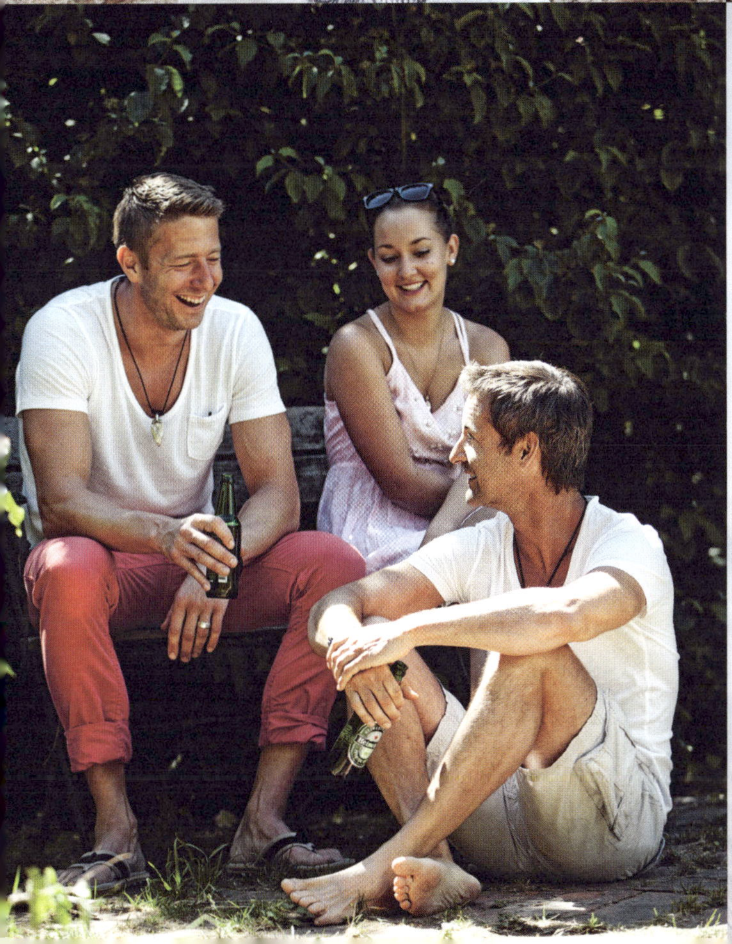

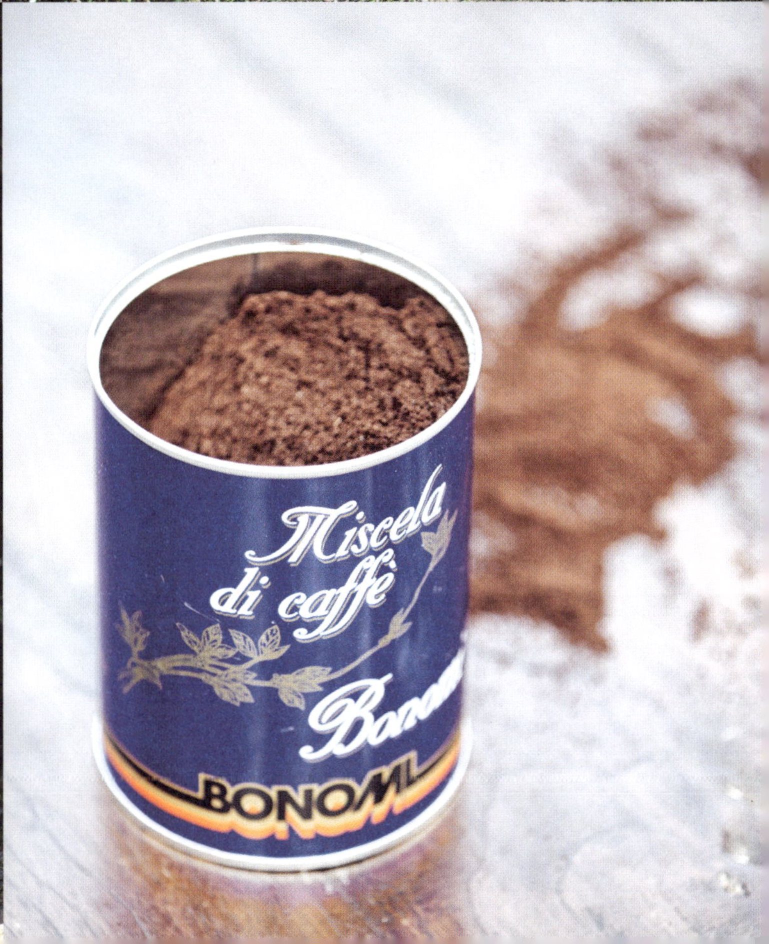
Miscela
di caffè
BONOMI

// Cassata à la Siciliana //

Für den Teig
6 Eier
140 g Puderzucker
1 Prise Salz
170 g Weizenmehl, Type 405 und etwas mehr
   für die Form
1 EL Stärkemehl
abgeriebene Schale von ½ Bio-Zitrone
1 EL Butter

Für die Füllung
250 g Kristallzucker
800 g frischer Ricotta
250 g kandierte Früchte
150 g Zartbitterschokolade (mindestens
   60 % Kakaogehalt)
50 g ungesalzene Pistazienkerne
1 Prise Zimtpulver

Für die Fertigstellung
6 EL Limoncello
200 ml flüssige Sahne
1 TL Vanillezucker
250 g kandierte Früchte

**Zubereitungszeit 75 Minuten
(plus mindestens 3 Stunden Kühlzeit)**

So geht's //
Teig
Die Eier trennen. Die Eiweiße steif schlagen, dabei nach und nach den Puderzucker und das Salz einrieseln lassen. Dann nacheinander die Eigelbe unterrühren. Das Mehl in eine Schüssel sieben und mit dem Stärkemehl und der Zitronenschale mischen. Das Mehlgemisch vorsichtig unter den Teig heben. Die Springform mit Butter einfetten und mit Mehl bestäuben. Den Teig einfüllen, glatt streichen und für 45 Minuten im auf 160 °C vorgeheizten Backofen (Umluft, mittlere Schiene) backen. Nach einer Garprobe mit einem Holzstäbchen den Kuchen aus dem Ofen nehmen und 10 Minuten ruhen lassen, aus der Form lösen und über Nacht abkühlen lassen. Dann den Kuchen 2-mal waagerecht durchschneiden, sodass 3 Böden entstehen.

Füllung
Den Zucker in einen Topf geben, zusammen mit 100 ml Wasser aufkochen und 5 Minuten köcheln lassen. Das Zuckerwasser abkühlen lassen. Dann den Ricotta unterrühren. Die kandierten Früchte sehr fein würfeln. Die Schokolade und die Pistazienkerne sehr fein hacken. Die Früchtewürfel, die Pistazien und die Schokolade mit dem Zimt unter die Ricottamasse rühren.

Fertigstellung
1. Den untersten Kuchenboden wieder in die Springform legen und gleichmäßig mit 2 EL Limoncello beträufeln. Die Hälfte der Ricottacreme darauf verteilen und glatt streichen. Den mittleren Kuchenboden darauflegen und mit 2 EL Limoncello beträufeln. Die restliche Ricottacreme darauf verteilen und glatt streichen. Den obersten Kuchenboden auflegen und mit dem restlichen Limoncello beträufeln. Die Cassata für mindestens 3 Stunden kühlen.
2. Die Cassata aus der Springform lösen und auf eine Kuchenplatte gleiten lassen. Die Sahne mit dem Vanillezucker steif schlagen und die Cassata oben und seitlich mit Sahne bestreichen. Mit den kandierten Früchten garnieren und bis zum Servieren kühlen.

// Amaretto-Eis mit Vanille-grissini //

Für das Amaretto-Eis
200 ml flüssige Sahne
200 ml Vollmilch
1 Vanilleschote
100 g weiße Kuvertüre
4 Eigelb
70 g Kristallzucker
100 g dunkle Schokoladenraspel
4 EL Amaretto

Für die Vanillegrissini
½ Würfel frische Hefe (21 g)
4 Päckchen Vanillezucker
1 Vanilleschote
180 g Weizenmehl, Type 405
Salz

**Zubereitungszeit 90 Minuten
(plus Gefrierzeit)**

**So geht's //
Amaretto-Eis**
Die Milch und die Sahne in einen Topf gießen. Die Vanilleschote der Länge nach aufschlitzen und mit dem Messerrücken das Mark auskratzen. Das Mark und die Vanilleschote zur Sahnemilch geben und alles zusammen aufkochen. Den Topf vom Herd stellen, die Sahnemilch kurz ziehen lassen und dann die Vanilleschote entfernen. Die Kuvertüre etwas zerkleinern, in einer Schüssel über einem Wasserbad langsam schmelzen und anschließend etwas abkühlen lassen. Die Eigelbe mit dem Zucker schaumig schlagen und die Sahnemilch unterrühren. Die Creme über einem Wasserbad schaumig aufschlagen (»zur Rose abziehen«). Sobald die Creme dicklich geworden ist, die flüssige Kuvertüre unterrühren. Die Creme abkühlen lassen. Dann die Schokoladenraspel und den Amaretto unterrühren. Die Creme in eine Eismaschine füllen. Alternativ kann die Creme auch in eine Form gefüllt werden und in den Gefrierschrank gestellt werden. Dabei das Eis innerhalb der ersten Stunden mehrmals gut durchrühren.

Vanillegrissini
1. Die Hefe in einer kleinen Schüssel zerbröseln und mit 2 Päckchen Vanillezucker und 125 ml warmem Wasser verrühren. Diesen Vorteig etwas ruhen lassen.
2. Die Vanilleschote der Länge nach aufschlitzen und mit dem Messerrücken das Mark auskratzen. Den Vorteig in einer Rührschüssel mit dem Mehl, dem Vanillemark und dem Salz zu einem Hefeteig verarbeiten. Den Hefeteig an einem zugfreien, warmen Ort ca. 30 Minuten gehen lassen. Anschließend den Hefeteig auf einer bemehlten Arbeitsfläche ca. 0,5 cm dick ausrollen und in lange Stangen (ca. 25 cm) schneiden. Die Stangen auf ein mit Backpapier ausgekleidetes Backblech legen und 15 Minuten im auf 180 °C vorgeheizten Backofen (Ober-/Unterhitze, mittlere Schiene) knusprig backen. Den restlichen Vanillezucker in eine lange flache Schüssel geben und die Stangen darin wälzen.

Zum Anrichten // Das Eis in Dessertschalen anrichten und die Vanillegrissini dazu servieren.

Für 4

// Mediterraner Eiskaffee mit Mandelsplittern //

Für den Eiskaffee
400 ml starker, kalter Kaffee
20 ml Kaffeelikör
1 EL Kakaopulver
1 EL Nussnougatcreme
2 Kugeln Vanilleeis

Für die Amarettosahne
100 ml flüssige Schlagsahne
1 TL Vanillezucker
4 EL Amaretto

Zum Anrichten
4 Kugeln Vanilleeis
1 EL lösliches Kaffeepulver
2 EL geröstete Mandelsplitter

Zubereitungszeit 15 Minuten

So geht's //
Eiskaffee
Den kalten Kaffee mit den restlichen Zutaten in einen hohen Rührbecher füllen und gut aufmixen.

Amarettosahne
Die Sahne mit dem Vanillezucker leicht schlagen und den Amaretto unterrühren.

Zum Anrichten // Je eine Kugel Vanilleeis in ein Longdrinkglas füllen, mit dem Eiskaffee aufgießen und die Amarettosahne als Haube daraufsetzen. Zum Schluss mit dem Kaffeepulver bestäuben und die Mandelsplitter darüberstreuen.

// Aprikosentarte mit Mandel-Zimtstreuseln //

Für die Aprikosentarte

100 g Weizenmehl, Type 405; plus etwas mehr
   für die Form
75 g weiche Butter; plus etwas mehr für die Form
1 kleines Ei
2 EL Kristallzucker
Salz
500 g frische Aprikosen
1 Vanilleschote
4 EL Gelierzucker

Für die Mandel-Zimtstreusel

5 EL sehr weiche Butter
3 EL Kristallzucker
1 TL Zimtpulver
100 g Weizenmehl, Type 405
100 g gemahlene Mandeln

Zubereitungszeit 60 Minuten

So geht's //
Aprikosentarte

Das Mehl, die Butter, das Ei, den Zucker und das Salz zu einem Teig verkneten und kühl stellen. Eine Springform (Ø ca. 20 cm) einfetten und mit Mehl bestäuben. Den Teig ca. 0,5 cm dick ausrollen und die Form so damit auskleiden, dass ein ca. 2 cm hoher Rand entsteht. Die Aprikosen waschen, entsteinen und vierteln. Die Vanilleschote der Länge nach aufschlitzen und mit dem Messerrücken das Mark auskratzen. Die Aprikosenviertel, das Vanillemark und den Gelierzucker in einer Schüssel gut vermischen und dann gleichmäßig auf den Teigboden verteilen.

Mandel-Zimtstreusel

1. Die Butter mit dem Zucker und dem Zimt verrühren. Das Mehl mit den Mandeln gut vermischen und nach und nach unter die Butter kneten.
2. Die Streusel über die Aprikosen verteilen und die Tarte für 30 Minuten im auf 180 °C vorgeheizten Backofen (Ober-/Unterhitze, zweite Schiene von unten) backen.
3. Die fertige Tarte aus dem Ofen nehmen und abkühlen lassen.

Zum Anrichten // Die Tarte noch lauwarm in Stücke schneiden und servieren.

// Pinienkern-crêpes mit Ricotta-Creme und Himbeeren //

Für die Himbeeren
400 g Himbeeren (frisch oder TK)
½ Tasse Martini rosso (ca. 75 ml)
5 EL Puderzucker

Für die Pinienkerncrêpes
80 g Mehl, Type 405
2 EL Pinienkerne, gemahlen
100 ml Vollmilch
100 ml flüssige Sahne
1 Ei
etwas Salz
1 EL Mandelöl

Für die Ricotta-Creme
4 EL Ricotta
4 EL Frischkäse

Zum Anrichten
einige frische Himbeeren

Zubereitungszeit 45 Minuten

So geht's //
Himbeeren
Die Himbeeren mit dem Martini und dem Zucker in einem Topf einmal aufkochen und dann erkalten lassen.

Pinienkerncrêpes
Aus dem Mehl, den gemahlenen Pinienkernen, der Milch, der Sahne, dem Ei und dem Salz einen Crêpes-Teig herstellen. Das Mandelöl portionsweise in einer beschichteten Pfanne erhitzen und die Crêpes nacheinander darin ausbacken.

Ricotta-Creme
Den Ricotta und den Frischkäse gut verrühren. Die Himbeeren unter die Creme ziehen.

Zum Anrichten // Die Crêpes mit der Ricotta-Creme füllen und mit frischen Himbeeren garnieren.

// Register //

// Danksagung //

Die Arbeit an diesem Buch war harte Arbeit – einerseits. Andererseits hat sie mir unglaublich viel Spaß gemacht: Ich bin besessen vom guten Essen und das muss man dem Buch anmerken! Das ist, wie ich glaube, super gelungen – weil sich alle an diesem Buch Beteiligten von meiner Begeisterung haben anstecken lassen und voller Tatendrang mitgearbeitet haben. Wieder einmal hat sich gezeigt, dass das Büchermachen Teamwork ist. Allen, die im »A Tavola!«-Team dabei waren, möchte ich darum ganz herzlich danken. Aus meinem persönlichen Umfeld sind das:

Meine Frau Pia – wenn jemand behaupten darf, dass ich ein Wahnsinniger bin, dann ist sie es. (Was ich natürlich auch bin.) Ganz besonders in Zeiten, in denen ich an Büchern arbeite, denn dann absolviere ich tagsüber mein reguläres Arbeitspensum, bin immer auf dem Sprung und kaum erreichbar. Und sitze nachts am Esstisch, um Rezepte zu kreieren. Pias Geduld ist (leider) nicht unendlich. Manchmal rappelt's darum im Karton … Sie ist für mich die wichtigste von allen. Kurz und knapp: Was täte ich ohne Dich!?

Alina, meine Prinzessin, meine wundervolle Tochter – wenn mich jemand wirklich in jeder Situation zum Lachen bringen kann, dann ist sie das. Und kaum zu glauben, dass sie in so jungen Jahren schon ein so sicheres Gespür für Geschmack und Aromen hat. Sie hat mein Gefühl fürs Kochen geerbt. Und beim Fotoshooting konnten wir darauf vertrauen, dass sie uns alle mit ihren lustigen Geschichten bei Laune hält.

Jörg Färber, Freund und Mitarbeiter – wenn einer weiß, wie man etwas vor dem Anbrennen rettet, dann ist er das. Denn er ist nicht nur ein hervorragender Koch (ein wahrer Profi!), sondern auch noch Feuerwehrmann. (Ganz im Ernst!) Er weiß also viel über das Retten in letzter Sekunde … Als ob das nicht genug wäre, ist er auch noch deutscher Meister über 50 Meter Freistilschwimmen.

Lukas Kirschner, Auszubildender in meinem Betrieb – wenn jemand mit Feuereifer bei der Sache ist, dann ist er es (siehe Seite 131 links oben).

Susanne Matzkat-Bader, meine persönliche Assistentin – wenn es jemanden gibt, der am Rande des Wahnsinns arbeitet, dann ist sie es (siehe oben). Sie ist meistens die erste, die meine unablässig sprudelnden Ideen zu hören bekommt. Und sie ist diejenige, mit deren Input ich diese dann auch umsetze. Sie ist eine veritable Organisations- und Managementexpertin. Und sie ist eine Expertin im Entziffern von künstlerisch-einzigartigen Handschriften, also meiner. Soll heißen: Sie bringt das Kunststück fertig, meine handschriftlichen Rezepte in digitale Form zu bringen.

Nadja Scholder, Mitarbeiterin in meinem Unternehmen – wenn es kulinarische Intelligenz gibt, dann hat sie viel davon. Sie begleitet all meine Projekte, auf ihren »Generalrat« vertraue ich immer und überall. Auch sie hat mitgearbeitet, meine Rezepte zu erfassen.

Barbara Del Sole, Auszubildende in meinem Unternehmen – wenn es eine echte Italienerin gibt, deren Herz ganz für die *cucina italiana* schlägt, dann ist sie es. Auch sie hat beim Aufzeichnen der Rezepte geholfen und die Gerichte nebenbei einem kleinen Italienischtest unterzogen.

Imran Farzand, mein Küchenchef im Restaurant, in der Kochschule und im Catering – wenn ich zwei rechte Hände hätte, dann wäre er eine davon. Also eigentlich ist er meine rechte Hand. Moment. Habe ich zwei rechte Hände? Ihr wisst, was ich meine … Chapeau, Imran!

Mike Meyer, der Fotograf – wenn es einen kreativen Tausendsassa und Lebenskünstler gibt, der zugleich ein Künstler hinter der Kamera ist, dann ist er es. Von ihm stammen die grandiosen Fotografien in diesem Buch. Ich glaube, er hat in den Tagen unseres Fotoshootings kaum eine Sekunde die Kamera aus der Hand gelegt. Immer auf der Suche nach dem perfekten Moment.

Katrin Nagelmüller, die wie eine gute Fee das Styling auf dem Holunderhof gemanagt hat.

Monika Schürle, Maria Grossmann und Susanne Walter, von denen die Foodfotografien stammen. Keinem anderen Foodfototeam könnte ich meine Rezepte geben und sagen: »Na, dann los!« Ich weiß schon vorher, dass die Foodfotos perfekt werden. Tolle Arbeit!

Vom Südwest Verlag die Redaktionsleiterin Silke Kirsch, die Bildredakteurin Tanja Zielezniak und meine Lektorin Sonya Mayer. Ich glaube, manchmal hatten sie das Gefühl, sie müssten mich jetzt mal bremsen, aber zum Glück haben sie es nie getan. Na ja, vielleicht haben sie mich manchmal eingefangen und meinen Ideen eine neue Richtung gegeben. Danke für diese kreativ-chaotische-spontane-unermüdliche Zusammenarbeit! Manchmal haben sie sich, glaube ich, gefragt: »Wird der Christian denn nie müde?!« Nein. Nie. Wann machen wir das nächste Buch?

Regina Roßkopf, die meine Rezepte adaptiert, redigiert und geprüft hat. Wenn jemand meine Art zu kochen auf Anhieb verstanden hat, ohne dass ich es groß erklären musste, dann war sie das.

Das Team von Imprint mit Verena Brandl, die das Buch mit viel Gespür für Farben, Stimmungen und Emotionen so toll gelayoutet hat.

Der Wettergott, der dafür gesorgt hat, dass während unseres Fotoshootings pausenlos die Sonne geschienen hat. Ich glaube, in Italien hat es zu dieser Zeit geregnet.

Last, but not least, danke ich allen Freunden, die meine Rezepte zur Probe gekocht haben und mich mit ihrem Feedback, ihrer konstruktiven Kritik, endloser Geduld und nimmermüdem Rat und Tat unterstützt haben. Claudio Parrinello, der Kemptener Supergastronom, der als einziger meine »Gourmetpizza hoch zwei« auf der Karte haben darf.

Und natürlich danke ich allen meinen Lesern, Kochschülern, Gästen und Fans. Wenn jemand sagen kann, dass seine Fans die besten sind, dann bin ich das.

Bildnachweis
Peoplefotografie und Foodfotos Seite 21, 22, 43, 44, 68,
  105, 111, 116, 137, 141, 159: Mike Meyer
Styling Peoplefotografie: Katrin Nagelmüller
Foodfotografie: Maria Grossmann, Monika Schürle
Foodstyling: Susanne Walter

Für die freundliche Unterstützung der
  Fotoproduktion danken wir:
Kustermann: www.kustermann.de
Kokon: www.kokon.com
Walter und Benjamin: www.walterundbenjamin.de
Sabine Rothfuß vom Holunderhof:
  www.architektur-con-terra.de/ferienwohnung.html

Unternehmensgruppe Christian Henze
Edisonstraße 4, 87437 Kempten
Tel.: (0831) 9 60 62 00
www.christianhenze.de
www.facebook.com/henzekocht

Impressum
Redaktionsleitung: Silke Kirsch
Projektleitung: Sonya Mayer
Bildredaktion & Leitung der People-Fotoproduktion:
  Tanja Zielezniak
Redaktion der Rezepte: Dr. Regina Roßkopf
Producing und Satz: Imprint, Zusmarshausen
Korrektorat: Regina Wiesmaier
Layoutgestaltung: Claudia Semia Sanna
Einbandgestaltung: Zeichenpool, München
Reproduktion: Regg Media GmbH, München
Druck und Verarbeitung: Neografia, Martin
Printed in Slovakia.

Verlagsgruppe Random House FSC® N001967
Das für dieses Buch verwendete FSC®-zertifizierte Papier
Juwel Offset liefert Arctic Paper, Kostrzyn, Polen.

ISBN 978-3-517-09319-2